ざ ゆーす

the youth

no.19

2019・3

目 次

イラスト・うえのなつみ

NPO法人 非行克服支援センター

私たちは こんな活動をしています

■「非行」相談…ひとりで悩まないで

非行についての どんなご相談にものります。

■子どもたちの非行からの立ち直りを支援します.

・就労や仕事についての相談　　・進学・転校・受験など、学校や進路の相談
・学習の遅れ・勉強の仕方についてのサポート
・事件を起こしてしまったとき、付添人をお引き受けします。

■子育てや思春期問題についての学習会・講習会・セミナー

講座やセミナーを開催しています。ほかに、講師派遣も行います。

■「非行」と向き合う親たちの会を支援しています。

東京都新宿区百人町 1−17−14 コーポババ 21

電話03−5348−6996　fax 03−5337−7912

今後とも皆様のご支援とご協力を 心よりお願い申し上げます。

役員一同

理事長	小笠原彩子（弁護士）
副理事長	浅川道雄（元家裁調査官・「非行」と向き合う親たちの会副代表）
	春野すみれ（「非行」と向き合う親たちの会代表）
理事	上田祐子（「非行」と向き合う全国ネット事務局長）
	北村篤司（臨床心理士・大学教員）
	小柳恵子（ファミリーセラピスト）
	能重真作（元中学教師）
	丸山慶喜（元高校教師）
	森　英夫（元高校教師）
	吉松由紀子（「非行」と向き合う親たちの会世話人）
監事	坪井節子（弁護士）

15周年記念シンポジウム

「社会の変化と子ども・家庭」

2018年7月14日

非行克服支援センターは、2003年1月に特定非営利活動法人としての歩みを開始しました。それから15年の歩みを振り返り、現代を的確にとらえることを目的として、シンポジウムを開催しました。その記録を掲載します。

〔パネラー〕

坪井節子　（弁護士・カリヨン子どもセンター理事長）
土井隆義　（社会学者・筑波大学教授）
宮下　聡　（都留文科大学特任教授・元中学校教師）

〔司会〕

北村篤司　（非行克服支援センター理事）

■シンポジウムで深めたいこと

北村・司会　本日の進行をいたします非行克服センター理事の北村と申します。私たちの会も15周年を迎えました。初めにこのシンポジウムを企画した趣旨と進め方について簡単に説明させていただきます。タイトルが「社会の変化と子ども・家庭」となっております。非行の子どもの数が減っているとか、最近子どもが変わっているという話を聞くこともあるけれど、本当にそうなのだろうか、あるいは子どもが変わっているというが、実は社会が変わっていて、それが子どもに現れているだけなのではないかなど、さまざまな議論があり、もっと子どものことについて実際に活動をしている方々のお話を聞いて深く理解をしたい、そして、これからの活動につなげていきたいという思いから、このようなタイトルでの企画をさせていただきました。

　今日は、3人の先生方に、現場の活動や研究その他感じていることや考えていることなどを中心にお話していただき、学びたいと思っております。

　それでは、まずは自己紹介をお願いいたします。

宮下　こんにちは。宮下聡と申します。東京都の公立中学校で36年間教員をやって、退職してからは都留文科大学で未来の教師になる若者たちと関わったり、それから実際に卒業をして教師になった若い先生とつながっている、そういう仕事をしています。よろしくお願いします。

土井　土井と申します。私は、茨城県にあります筑波大学で30年弱になりますが教員をやっています。この会との関わりを申し上げますと、私は非行克服支援センターの会員になっております。でもずっと幽霊会員で、総会に出ましたのは実は今日が初めてです。毎年3月にやっている「『非行』を考える全国交流集会」の方に何回か参加をさせていただいております。

　実は私には娘がおりまして、ようやく成人になりましたけれども、その娘が中学生の頃に親の立場で参加しました。ですので、私は半分研究者、半分は親の立場からお話をさせていただきたいと思います。よろしくお願いします。

坪井　こんにちは弁護士の坪井節子と申します。社会福祉法人カリヨン子どもセンターというところの理事長をしております。非行克服支援センターとは会が生まれた時からずっとお付き合いさせていただいておりまして、監事として事業報告や会計の監査をやらせていただいているところです。

　カリヨン子どもセンターも、今年15年目を迎えまして、同じようなエリアで頑張っております。どうぞよろしくお願いいたします。

司会　ありがとうございます。それでは宮下先生から順番に、それぞれの現場で感じていることや考えていることなどをうかがいたいと思います。

■「学校」現場の今

宮下 実は、私は今日のお話をいただいたときにあまり深く考えないで「はい」とお受けしたのですが、それには理由があります。さきほどこの会がNPO法人になって15周年というお話がありましたが、それより7年前の1996年11月に、先ほど浅川道雄副理事長のご挨拶にもありました通り、「非行」と向き合う親たちの会（あめあがりの会）の発会を兼ねたシンポジウムが神田パンセで行われました。その時には現場の教員が1名と保護者の方が2人の3人でパネルディスカッションをやりました。大変緊張する会でしたが、その現場の教師1名が私でした。その発会のシンポジウムに出て、その会が母体でNPO法人が誕生し、その15周年という記念の会に出られるなんてこんな嬉しいことはないという気持ちから、深く考えないで引き受けました。親たちの会の発会当時のシンポジウムの内容は『非行』という本になっています。ぜひご覧いただきたいと思います。

　私は今、都留文科大学の教職支援センターというところで教職課程の授業を持ちながら、4つの仕事をしています。教職センターがしている仕事の1つは、卒業生の教職支援交流会という取り組みです。これは、大学で学んだ若者が教育現場に入るわけですが、そこからが本当に支援が必要だというような立場でやっております。今、都留文科大学は、北海道から沖縄まで全国から学生が集まってきます。ここで学んでそしてまた故郷に戻って教員をやる。そこに私たちが出向いて行きます。

宮下聡さん

先日は茨城県の水戸に行きましたが、そこで茨城県内の卒業生に声をかけて、集まってもらいます。その前は広島県の福山でやり、岡山や広島の県内の教師をしている卒業生が来ました。岡山から来た卒業生は今年1年目、小学校に勤務していまして、自分の家から通う町の美しさをブログに書いていました。卒業した若者たちがみんな頑張っています。その学生たちを支える仕事が私たちの仕事です。

　2つ目は、学生は大学の教室で学ぶ前に、家庭教師や塾、教育実習といういろいろな場面で子どもたちと関わりを持ちます。また、アシスタントティーチャーとして学校に入ってサポートもします。そういう子どもとの関わりを通して感じた疑問や思いを相談というかたちで受け止めるのも大切な仕事です。そして、学年に関わらず、教育の問題を話したい人がいたらいつでもおいでという「教育カフェ」というのをやっています。これはまだ始めたばかりなのですが、それでも5〜6人がお茶を飲んだりお菓子を食べたりしながら教育の問題を話し合っています。そして、4年

生を対象とした教職実践ゼミ。これは、卒業して現場の教員になったときに求められるのは、授業で学ぶ、授業や生徒指導といった子どもたちとの関係だけでなく、地域、あるいは保護者の方たちとの関りが非常に大きい。しかし、そうした事柄については大学ではあまり学ぶ機会がありません。そんな学びの機会づくりも私の仕事です。

そういう仕事を通して実際に卒業生と向き合っていく中で、現在私が感じているいろいろなことについてお話をしていこうと思います。みんな希望を持って教員になっていくわけですから、その希望をかなえることができた卒業生の姿を通して、会の発会の頃よりも、学校はこんなふうにすばらしく変わってきたよという明るいお話ができればいいのですが、たぶん私の話の8割は暗い話になると思います。そこはどうかご勘弁いただきたいと思います。

■頑張っている若い教師の姿から

宮下 そうは言っても少しは明るい話もないと元気が出ませんので、教職支援交流会という場などで若い先生たちに出会って聞いた嬉しい話、まず、それをいくつかご紹介します。ある教師の話です。「小学校高学年の男子。4月の初めは教師と距離をとってくるので、教室に行くのがつらかった。でも自分から思い切って声をかけたら、『先生』ってその子どもたちが近づいてきてくれて、先生になってよかったなと思った」そうです。

また、1年目は、教師をやめようと思ったという教師。「でも、朝学校に来ると教卓に紫陽花の花が置いてあり、出張の翌日には小さな手紙があった。そこには『先生がんばってね』と書いてあり、嬉しかった」という話もあります。また、4月に「○○先生が嫌いな人〜？」ってみんなの前で言うA君。「どの辺で子どもに嫌いって思われるのかって悲しくなって1人になったとき泣いた。でも、2学期からA君が変わり教室が楽しくなり、3月には子どもたちと離れたくないと思った」という声。

このように若い先生たちは必死に頑張るのです。でも、最初は、子どもが言うことを聞いてくれなかったり、立ち歩く子、飛び出ちゃう子、座り込んじゃう子、泣きわめく子、友達にちょっかいをかけたり暴力をふるったりする子がいて、それに振り回されている。5月頃に先生たちに会いにいくと、1年目の先生は声が出なくなっているんです。でも、そういう先生たちが1年経つと、こんなふうに変わってきます。それを聞くのはとても嬉しいことです。

中学や高校の先生になった若者とも出会います。今、中学校や高校は部活動という問題が重くのしかかっています。そういうときに自分が得意だったことを任されればいいのですが、全く経験のない部活動を任された人がいました。当然うまくできないので子どもたちからもバカにされる。ちっとも言うことを聞いてくれない。この人はテニス部を持ったのですが、自分はテニスは全くやったことがないので苦しんできました。でも、この人はこう言いました。

「まず子どもたちから教えてもらうことから始めた。そして子どもと一緒に練習しながら

技術を覚えて1年間、とにかく一生懸命、顧問を務めた。そうやって1年間したら、翌年は別の部の顧問に配置換えになってしまって落ち込んだ。でもそのことを知った同僚の先生が校長に話してくれて元に戻ることができ、子どもたちが喜んでくれてすごく嬉しかった」と。

また、「最初の頃の授業は失敗してはいけないと周到に準備をして肩に力を入れて授業をしていた。前の先生はこうだったのにといつも言われてつらかった。頑張れば頑張るほど子どもたちが言うことを聞いてくれない、それが悩みだった。でも、ある日、同僚の先生が急に休んでしまって補教をしなければいけなくなった。周到な準備ができなかった。中学生が喜ぶはずはないと思いながらも絵本の読み聞かせをした。自分が大好きな絵本だった。すると終わった後で『先生、今日の授業よかったよ』って絶賛されて嬉しかった」。

「野球部の安全管理を任された。何も練習できずにひたすらグラウンドの隅に立ち続けていたら、4日目に部長の子が椅子を持ってきて『先生、これに座りな』って言ってくれて、とても嬉しかった」

このように若い教師たちは苦しみながらも、たたかいながら頑張っています。ある先生はこんなことを言っています。「子どもに戻りたい」と。これは皮肉なんですね。詩のようなものをメールで送ってくれました。小学校の先生です。

「平日は朝7時前に起きて／朝ごはんは毎日食べて／朝8時から16時までお勉強をして／お昼ご飯はマナーを守って静かに食べる（これを黙食といいます）／月に読んだ本をカウ

ントされる（この子は平均21冊、それでも少ない）／少ない休み時間は外で元気に遊ぶ／公共施設の学校を掃除して（これは黙掃といいます、しゃべっちゃいけない）／人によってはいくつも違う趣味があって（習い事です）／6時間の勉強では足りずにさらに勉強をして（塾ですね）／それでも学校からの毎日の課題をしないと怒られちゃう（学年×1時間です。中学1年生は7時間）／テレビ、ゲーム、ユーチューブ、ライン、あっ忘れものチェックを前の日にはしておかないとね／たくさん頑張って小遣いの500円を楽しみにしているサラリーマン小学生」

こういう笑えない文が寄せられました。なんだか宮沢賢治の詩みたいだねと言った同僚の先生がいました。

■大学での学びと現場のギャップ

宮下 最初は夢を持って入っていきますが、学校現場に入ってから違和感を感じるんです。大学で学ぶことは、子どもを管理するのではなく子どもの声を聞いて、思いを受け止めて、そうして子どもと一緒に学校生活を作っていこう、学びを作っていこう、こんなふうに思って現場に入るわけです。そうすると、初任者研修というのがあって先生が1人付くんです。これが教育委員会の「非情」な思いやりです。1人ではまだ無理だから、サポーターを付ける。これがどういうことになるか。ある教師が言います。

「僕は教室でどうやって子どもたちとの絆作りができるか工夫していきたいと思っています。それから、授業の中で子どもたちとワク

ワクすることがしたいんです。でもそんな僕の思いとは違って、主任の指導担当の先生が僕の教室に来て言うんです。『なぜあなたはグループの形で授業をしているの？　来年5年生になって2つのクラスがつながったら子どもが困るでしょ。グループ授業の前にまず基本を見せなさい』と、机を前に向けて授業をしなさいと言うんです。僕はそうじゃないと思うんです。子どもたちが意見を言い合って学び合うことで授業を進めたっていいと思うんです。それだけじゃないんです。僕は日直についても、もう4年生だから1人でやるのがいいと思って始めました。そうしたら『それは良くない』と言われたんです。『私のクラスは2人日直なの、だから合わせてもらわないと5年生になったとき困るでしょ』と。僕は、日直の仕方も、連絡帳の書き方も、学習のしかただって5年生の新しいクラスになれば、子どもたちはきっと新しい形で朝の会ができる、何も心配ない、違いがあった方が楽しいしおもしろい。子どものためにもなる。文化の豊かさを教えることにもなる。責任を持って、違いを大事にしてやっていこうねって言うんですけれどそれが通らない」。

別の卒業生です。「1年生の先生になったんです。先生は女のいい先生だと思うんですけど、でも怖いんです。子どもたちが怯えているんです。私も怖い。先日も給食のマスクを忘れた男の子が先生の前で『忘れました』と言うのが怖くて過呼吸になってしまったんです。女の子の1人が絵の具の筆を忘れたのを言えなくて、目を真っ赤にして震えて泣いていました。給食は黙食です。みんな前を向いて静かに食べさせられているんです。給食ぐ

らいは楽しくお話しをして食べたかったのですが。それから食べ物についても厳しくて残すと『なんで勝手に残すの、もったいないでしょ』って叱られるんです。なにか、見ていて苦しくなりますし悲しくなります。なんで、これほどまでに言われなくちゃいけないのかって思います」。

中学に行った若い先生です。私の授業を聞きながら、子どもはどやしつけてしつけていくんじゃなくて、その子の思いを受け止めながら一緒に対応していくんだということが大事だということに、とても共感してくれた学生でした。その彼が中学校の教員になってどならない教育をしてみました。廊下を通った校長先生が「君の教室からは君の怒鳴り声が聞こえてこないけれど、ちゃんと指導しているのか？　そういうことだからなめられるんだ」と言ったそうです。子どもは毎日の生活の中で、時に大騒ぎをしたり、羽目を外したりすることがありますが、たまたまそういう場面に出くわすとそんなふうに叱られます。

その先生は、翌年は特別支援学級に担任を変えられました。彼は、支援学級に行ったことについて新しい学びのチャンスだと言ってしっかりと向き合っています。しかし、飲み会の席に呼ばれると、ここに座れと言われて「なぜお前がそういうことになったかわかるか」という説教が続くそうです。こういう状況がある。

初年度は授業を作ったり、提出物などの書類をいっぱい書かされ、それでヘロヘロで、朝は7時前には学校に行って、先生の茶碗を洗ってお湯を沸かしてお茶を入れて机に置く。これも初任者の仕事、ゴミを捨てるのも初年

度の仕事なんだそうです。2年目からはなくなると言っていましたが、初年度をふり返って「よく生きていたな」というのが実感でした。

　電話で長い話をすることがしばしばありますが、「とにかく死ぬな」「やめてもいい、死ぬな」と言い続けた例が他にもいくつもあります。実際にいろんな手立てを取ったんですがこれ以上無理ということで退職し、翌年、別の県の教員採用試験を受けて教員になっている若者もいます。

　大学で、子どもと向き合ういい学びをすればするほど、現場でのギャップに苦しむ。こういう矛盾が今、起きているなと思います。ゼロトレランス、是は是、非は非という厳しさ、問答無用。こういう厳しさを私は1996年のあめあがりの会ができた時のシンポジウムで、私の青年教師時代のこととして話しました。しかし、今また「スタンダード」、「みんな同じ」、「一致した指導」と、同じことが起きている気がします。これが、今、中学生が、あるいは若者が子どもたちが直面している現実です。ちょっと暗い話になって恐縮です。

司会　ありがとうございました。それでは土井さんお願いいたします。

■社会の変化と子どもたち

土井　私は、宮下さんや次にお話しされる坪井さんのように、子どもたちに直に接する現場にはいません。仕事で接するのは大学生ですので少し年齢層が違います。ですので現場からの話はあまりできません。唯一の現場といえばわが子の子育ての経験だけですので、それがどこまで一般化できるのかもわかりません。そこで、今日は少し仕事の関係の現場を離れて、今日のテーマである社会の変化について、少しお話をさせていただこうと思います。

　今年の春、非常に印象的な事件がありました。愛媛県今治市の塀のない松山刑務所、ここから20代の受刑者が脱走をしたという事件です。大騒ぎになりましたので皆さんもご存じかと思います。私はこの事件の新聞報道しか知りませんが、新聞記事を読んで非常に今の時代を感じるところがありました。結構このことはスルーされがちだったのですが、私は「へえ〜」という思いで読みました。なにが？というと、脱走の理由です。

私は今50代です。受刑者が刑務所から脱走するとしたら、おそらくそれは、シャバが恋しいからだろう、あるいは、刑務所は不自由だから自由がほしくて脱走するのだろう、と思いました。しかし、この受刑者の脱走の理由はまるで違っていました。

彼は刑務所の中で模範囚だったのです。いろいろな委員も任されていました。ある時、刑務所内で叱責をされました。それで委員から外されてしまった。そのことで彼は、言って

みれば刑務所の中に居場所がなくなった。「もう刑務所には自分の居場所がないんだ、ここに居られない」、そういう思いで彼は刑務所から脱走をしたのです。つまり、自由が恋しくて逃げたわけではなくて、今いるこの刑務所の中に自分の居場所がなくなってしまった。それで逃れようとした。私はここに、今の時代を象徴するものを感じました。

これは彼だけの問題・特徴ではなくて、社会の状況、特にその中で生きている若い人たちを見ているときに感じることとも共通したものです。今の社会は昔と違ってかなり流動性が増してきています。言い換えると、自由度が上がってきているわけです。全くフリーになったわけではありませんが、私たちの若い頃と比べるとそうとう生き方は自由になってきたと思います。そういう中で、自由を求めたいという思いはそれほど切羽詰まったものではなくなってきていると感じます。その代わり前面に出てきているのが、先ほどの青年の言葉にあったような「居場所」という問題です。安定した、安心できる場所はどこにあるのか、この自分の居場所が確保できないという思いです。

私は、子どもたちのSNSの使い方を見ていてもそう思います。例えば、子どもたちがSNS、ネットを使うのは、このリアルな世界がとてもしんどくて、リアルな世界から逃げるために、新しいスタイル、新しい自由を求めてSNSやネットでつながっていくのだろうと、我々は思いがちです。確かにそういう中で、出会い系サイトのような危ない問題も起きてきました。そういう問題はないわけではありません。しかし今、子どもたちはど

ういう思いでネットを使っているのかというと、それは、新しい世界や自由を求めてというよりも、むしろ、自分の居場所を求め、自分の居場所を確保するために使いこなそうとしているのです。

その居場所というのは、このリアルな世界です。リアルな世界の中で自分の居場所を確保するために、安定した場所を確保するために、その道具としてネットを駆使しようとしていると強く感じます。つまり、リアル社会の中での承認を得るためにネットを駆使しているわけです。例えば、LINE は新しい出会いのソースではありません。今のリアルな人間関係のマネージメントツールとして使っているのです。もちろん、このリアルな世界の中に自分の居場所を確保できない子どもたちは、その代替手段をこのネットの中に求めようとしますから、そのときに、例えばネットの中でなりすまし等で友達になってあげるよと言われると、もうそれは自分を承認してくれる相手が見つかったと思ってしまい、そこにずるずると引きずられて行ってしまうという、そういうタイプの被害もあります。しかし、根っこにあるのは居場所の問題だと私は思っています。

■「不満」が減って「不安」が上昇

土井 これは、今の子どもたちの非行問題にも現れているように思います。確かによく言われているように、今、少年非行は減ってきています。最近でいうと、子どもたちの人口比の 0.5%が補導される子どもの数です。2003年がピークでその後はぐっと減ってきていま

す。しかし、調査をしてみると、実はその20倍の数、10%の高校生に自傷経験があるというデータがあります。だいたい男子で7%、女子で20%代、平均して10%の子どもに自傷経験があるわけです。自傷行為は他人に迷惑をかける行為ではないので、なかなか表に出てこない数ですが、きちんと調査をやっていくとこのように出てくるわけです。

　おそらく、自傷をする子どもたちというのは、「不満」を抱えているというよりもむしろ「不安」を抱えているのだと思います。不満を抱えていればそれは非行のような行為となって出やすいのでしょうが、むしろ不安を抱えている。その不安の根っこにあるのが先ほど申し上げた「居場所」という問題ではないかなと思います。

　実際、10代あるいは20代前半の人たちを対象にしたいろいろな調査を見てみると、今の若者、子どもたちの満足度、幸福度は上がっています。ある10代の調査を見ますと4分の3の子どもたちが「今の生活に満足」、「幸福を感じる」と答えています。しかし同時に同じ4分の3が「不安を感じる」とも答えています。つまり「不満は感じていないが不安は感じている」んですね。私は、この不安の背景にはやはり今の社会の状況が投影されていると思います。それは、いわゆる人間関係のしんどさ、つらさですね。

　日本の社会は、だいたい90年代までは成長社会でしたが、その後、成熟社会に入っていきます。世界の範囲が膨らんでいかない閉じた世界の中で、流動性はとても高まっているのです。そうすると自分のポジションを守るにはどうしても人間関係に敏感にならざるを

土井隆義さん

得ない。世界が膨らんでいたときには、みんながみんなある程度の勝ち組であるような錯覚を持つことができたのですが、今のような世界は、誰かが勝ち組になれば、誰かが負け組になってしまう。こうした世界の中ではおそらくみんなが人間関係に敏感になっていくと思います。

　実際に、新聞においても「コミュニケーション能力」という言葉が出てくる記事の数が増え始めるのは、2000年を越えてからです。もちろんこの背景には日本の産業構造が大きく変わってきた背景もあります。今、情報サービス業が主流で、人間関係というものは商品なのです。そういう世界でコミュニケーションが重視されるというのは当然だろうと思います。

　でも、それだけではなく、日々の生活の中で、私たちは人間関係に敏感になり、非常に気を遣う。内閣府の青年意識調査にもそれは現われていて、「友人関係・仲間関係」に対して「充実感を覚える」という若者は右肩上がりで増えています。それは先ほどお話したよ

うに、不本意な人間関係を昔ほどは強制されなくなっているということなのでしょう。しかしその裏側では、人間関係・友人関係の満足度が上がるにつれて、いったん減っていた「友人関係に対する悩みごと心配ごと」が、90年代後半から2000年代にかけて今急激に増え始めています。友人関係の充実度は上がり続けているのですが、それに伴って減っていた心配ごと悩みごとが2000年代に入ってから急激に増え始めています。

　おそらくこれは、先ほどお話ししたように、不満が減ってきた代わりに不安が上昇したからだろうと思うのです。

■社会と制度の変化による
　　子どもへの影響

土井　これは、学校の現場にも、また子どもたちの日常にも影響を与えていると思います。

　その1つの例が、先ほど宮下さんがお話された特別支援学級ですね。特別支援学級の数を見てみますと、日本では戦後一時期ずっと増えてきていました。ところが70年代にいったん横ばいになり、その後はそのままずっと横ばいでした。しかし90年代に入ってから急激に上昇に転じていきます。そして、この特別支援学級に通っている在籍生徒数を見ていきますと、70年代までは増えていました。支援学級（当時は特殊学級と言っていましたが）の数が増えるにつれて、在籍数も増えていました。70年代から支援学級数が横ばいに転じてきたときに、在籍している子どもの数はいったんぐっと減ります。

　当時の社会を振り返ってみると、いわゆる

ノーマライゼーションの動きの中で、あまり子どもたちを「分けない」方がいいのではないか、いろんな子どもたちを混ぜた方がお互いに良いのではないだろうかという流れがあり、このことからたぶん子どもの在籍数が減ったのではないかと思います。しかし、90年代に入って再び特別支援学級数が急激に増え始めるのに合わせて、そこに通う子どもの数も急激に増え始めます。

　これらを見ていくと、人間の生物学的な特徴が、そんなに数年の間にくるくる変わるはずはないので、これは明らかに社会の変化、制度の変化に引きずられた結果だろうと思うのです。

　考えてみれば、70年代の頃に増えていた支援学級に通うお子さんの多くは、どちらかというと学習に困難を抱えていたお子さんだったと思います。もちろん今もメインはそうだと思いますが、90年代以降から特別支援学級で増えてきているお子さんというのは、クラスになじめない、人間関係・友人関係がうまくいかない、そういうお子さんだと言われています。その象徴が、発達障害の問題だろうと思います。あるタイプの発達障害の場合は、人間関係がとても苦手だというお子さんがいらっしゃる。そういうお子さんにとっては、学校というところはとても生きづらい場所になっているんだろうと思います。そういう中で「分ける」という傾向が出て、それがお互いのためになるということで進んできているのではないかなと思います。

　また、今の子どもたちは非行に走る子どもであっても、どちらかというと不満を抱えたお子さんというよりは不安を抱えたお子さん

が少なくなく、それによってある種の自傷行為の連鎖のような形の非行行為になっているのではないでしょうか。

■自己責任と分断化

土井 数年前に、少年院に入っている少年たちに意識調査をしたことがあります。そのときに「なぜあなたは非行に走ってしまったと思いますか」ということを聞いた項目がありました。この項目の1位は「友人関係」でした。おそらくこれは昔も今も変わらないと思います。私が「えっ?」と思ったのは、実は1位の友人関係ではなくて、2番目です。

1位に非常に近い割合で出てきた2番目は、なんと「生まれつきの性格」というものでした。つまり「自分はそういう性格なんだ」ということです。こういう環境の中だったからこういう道を選ばざるを得なかった、という体験をしてきたにも拘わらず、それを「自分の性格」として、自己責任として捉えてしまう。こうした思いの背景には、今まで彼らが育ってきて現在に至るまでに、周りにそういう仲間、そういう評価をしてくれる人しかいなかったからなのではないでしょうか。その結果、こうしたネガティブな自己イメージを作り上げていってしまっているのではないだろうかと思います。

このように、人間関係の分断化というような現象が、今生じています。例えば、再非行をしてしまった少年たちがいます。誤解のないように申し上げますが、再非行少年の数は減っています。しかし初犯の少年たちの減りに比べると鈍いので、再非行少年率は上がっ

てしまっているのです。この率が上がってしまっているという現象にも、私はこの分断が反映をしていると思います。それは当人たちが自分に対してそういうネガティブなイメージをもってしまうと同時に、周りをそういう目で見てしまう、つまり真っ白か真っ黒かに分けてしまう。人間には黒い面があれば白い面があるといういろいろな面があるはずですが、どちらかに分けようとしてしまう。そういう傾向が進んでいるからではないかと思います。

これは非行に走ってしまった少年についてだけではなく、一般の少年も同じだと思います。一般の少年だって、「自分の人生というのは、自分が生まれ持ったものによって決まっている」と思いがちになっているのではないかと感じます。その問題を最後に指摘しておきたいと思います。

■困難を抱えた若者たちの
　　　観点から見据える

土井 このように考えていくと、確かに統計では今、子どもたちの満足度、幸福度は上がっているけれども、私はこれも決して望ましい現象ではないと思えるのです。私たちはどういう時に満足や幸福を感じるのでしょう。それは、どこかに期待値があって、その期待値と現状のギャップを見て私たちは不満だとかあるいは不幸だとかを感じるわけです。では、今の社会状況を見てみるとどうでしょうか。格差も増していっているなど、子どもたちにとってそれは非常に厳しいはずです。にもかかわらず、なぜ子どもたちの満足度が上

がっているのか。私は、子どもたちの生きている環境が良くなったからではなくて、子どもたちの期待値が下がっているからではないか思います。期待値が下がっているからこそ現状とのギャップが広がらない。だから、統計上は満足度が上がっているのではないでしょうか。

　他の統計からもこれを知ることができます。例えば、「生きていれば良いことがあると思えるかどうか」という調査があります。これは2000年代のデータをみると、あらゆる年齢層で少しずつ下がってきています。今、こういう社会ですからどの年齢でも下がっているのですが、その下がり率の一番激しいのが若者世代20代です。50代や60代よりも、20代の方が「生きていれば良いことがあると思える」人が減ってきています。若者の方が人生は長いはずです。それなのに、長い人の方が、これからいいことがあるとは思えないという数が増えている。こういう社会を私たちはどう考えるべきなのでしょうか。

　あるいはこういう調査もあります。「あなたは自分の人生を自分の自由にできると思いますか」。2000年代初頭までは自分の人生は自分の自由に生きる。自分でコントロールできると考える人が増えていました。しかし、2000年を越えてから減ってきています。自分の人生は自分では自由にできない。それは、先ほど申し上げたように、おそらく生まれもってきたもの、そういうものによって自分の人生が決まっているかのような錯覚が生じてきているのではないかと思っています。ですので、この問題は非行に走ってしまった少年だけの問題ではないし、自傷をしている少年だけの

問題でもない。一見、普通に生きている少年たちにも共通した問題なのです。そしてこういう問題に気付かせてくれるのは、おそらく、問題行動によってこの生きづらさを顕在化させている若者たちだと思うのです。ですから私は、こういう困難を抱えた若者たちの観点から、この社会を見据えていきたいと思っています。

司会　ありがとうございました。では坪井さんお願いいたします。

■カリヨン子どもセンターの活動

坪井　2人のお話に、私の出会っている子どもたちの背景に起きていることは、そうかそれだったのかと思いながらうかがいました。

　カリヨン子どもセンターについて簡単にお話しします。15年前から日本で始めた10代後半のティーンエージャーの子ども、今晩帰るところがないという子どものためのシェルターを開設したところから活動が始まりました。初めは男の子と女の子が同じ家にいるという形でした。これまでの15年間で370名の子どもがここを訪ねてきていますが、4分の3は女の子で、最も多かったのは16〜17歳です。あまりに女の子が多くて、男の子が入れる場所がなくなってきたということで、今はボーイズという男の子専用のシェルターもあり、現在、男の子用、女の子用と別々にシェルターを設けて活動しています。

　ここに逃げてきた子どもたちは、いろいろな問題を抱えています。多くは被虐待で、こ

れ以上親に殴られたくない、これ以上セックスを求められたくないといった形で家から逃げてくる子どもたちです。

私たちは、実はもっと非行少年が多い

かと思っていたのです。それは弁護士として少年事件の付添人活動をしていると審判の中で、何とかこの子を少年院に送らずにすませたいと思っても、受け入れてくれる家族がいなかったり、家族が拒否をしている場合があります。試験観察にして何とかこの子を社会で育てたいと思っても、それを受け入れてくれる場所がないという現実がありました。

ですから、シェルターに子どもたちを試験観察で受け入れて、そして自立援助ホームなどにつないで、少年院送致にしなくても立ち直れるよう支援する、ということを弁護士として考えていたわけです。

さらに、少年事件は男の子の方が多いので、男の子がシェルターを必要とすると思っていたのですが、蓋を開けてみたら女の子の方が圧倒的に多かったことにびっくりしました。その背景にあるのは、女の子たちは虐待されても家を飛び出すことがなかなかできない。家を出ても性被害に遭うかもしれないので、野宿もできない。こういう中にいる子どもは、虐待をされるか家を出て性被害に遭うかという究極の選択をしなければいけないわけです。16歳、17歳になって、ようやくシェルターというものがあるんだということを知り、逃げる場所があるということがわかって、逃げてくるのではないかと思います。

ですから圧倒的に女の子のシェルター利用者が多い。家でいろいろなことがある、学校でいろいろなことがある、そこに居たくない

坪井節子さん

ということになったときに、男の子の場合は、もっと早くに非行に走ることができる。つまり、外に出て万引きをしたり自転車窃盗をしたり、非行という形で出すことができて、その時点で早めに男の子の方が第三者にSOSを出せるのではないかと感じています。

■その後の子どもたちのために

坪井 では、シェルターに来た子どもたちがその後どうしているか。家に帰る子の率がどんどん減っています。当初はこうした子どもたちの4人か5人に1人は、家族との関係調整をしたりして家に戻れていましたが、今は7人〜9人に1人が家に帰れるかどうかという状況になってきています。そうなると、そういう子どもたちが生きていく場所が本当にないのです。そのために、自立援助ホームという施設をカリヨンで作りました。これは、成人するまでの年齢の子どもたちが、スタッフと一緒に暮らすグループホームです。「カリヨンとびらの家」、「カリヨン夕やけ荘」とい

う、男の子用、女の子用の自立援助ホームも運営しています。両方とも6人の定員で、定員いっぱいの状態で暮らしている状況です。

シェルターに逃げてきて、少し時間がたつとそこから出て働いたり学校に行ったりしようという元気が出てくる子どもは自立援助ホームという受け皿ができたのですが、非常に長期間の虐待に耐えてきた子の中には、精神を病んでしまったというようなことがあります。その子たちは働くこともできず、学校にいくこともできず、かといって病院に入院したら治る病気でもなく、本当に生きる場所がないのです。精神科のお医者さんの治療は続けなければいけませんが、入院して治るものではありませんし、病院は生活する場ではないと言われてしまいます。

居場所がない。そういう子たちのためにどうしたらいいのかと、ずっと苦しんできました。そして2年前に「ファミリーホーム」という施設を作り、療養を必要とする子どもたちのための「カリヨンあしたの家」の運営を始めました。職員数も必要で、運営自体が非常に困難ではあります。

そうした子どもたち、つまり、「生きていることが楽しくない」、「生まれてこなければよかった」、「この世に生きていたっていいことなんかない」と言う子どもたちに、生きていればいいことだってあるよ、ということをどうわかってもらえるのだろうと考えていたのですが、そこで、必要なのは「遊び」だと気づいたのですね。遊んだことがない、楽しいことを知らない子どもたちがいる。その子たちと1対1で大人たちに遊んでもらおうと考えて、「カリヨンハウス」というものを作りま

した。ダンスでもいい、ドラムでもいい、ボクシングでもいい、子どもがやってみたいと思ったら、なんでもよくて、つながっている大人たちに来てもらい、一緒に1時間半くらい遊んでもらいます。世の中ではこうやって大人たちも楽しんでいるんだよ、つらい時もあるけれどお金を稼いでこうして楽しんでいる時もあるんだよと、いうことを子どもに知ってもらいたくて作ったのです。高校認定試験を受けて高校資格をとって次へ進みたい子や、夢を持って専門学校へ行きたいという子の学習支援や、リラグゼーション、カウンセリングなども行っています。

カリヨンは、大まかに言うと、こういう活動をしています。

■子どもたちの変化について

坪井 ここで、この15年間で子どもたちがどんなふうに変わってきたかを考えたいと思います。先ほど土井さんのお話を聞きながら、現実はそのとおりだなと思いました。15年前の非行の子は、男の子でも女の子でも、もっと元気があったのです。何かに怒りを感じていたし、そのために暴力的な言葉をはいたし、「もう家なんか出て行ってやるよ」なんて言って家を飛び出し、「家になんか帰るか！」みたいな感じで、もっとエネルギーがあった。大人にぶつかってくる感じの子どもたちだったという感じがあります。

ところが、今はほとんどそれを感じずに、子どもたちは逃げてくるしかないわけです。自傷行為、自殺未遂、発達障害を抱えているけれどそういう支援を受けてこなかった子、

鬱々として内向的になり自分を傷つけるけれど外に出すことはない子、そういう子どもたちが増えてきました。それが先ほど土井さんがおっしゃっていた大きな波の中にいる子どもたちの姿だなあと思っています。

それから、家族との関係がとても希薄になってきていると感じます。家族への怒りもなく、家族にこうしたいと関係を求めることもなく、「もういいです、もう言ってもしようがないから」と、親になんか求めない。言ったら怖いからと、怒りより恐怖のようなものを感じている子もいます。親の方も「子どもを返せ」という感じではなく、勝手にしてくださいもう手に負えません、といった感じで子どもたちを見捨ててしまう。「非行」と向き合う親たちの会のようなところに足を運んで、子どもたちのことに苦しみ、悩み、仲間うちで必死に支え合ってきたという親御さんを持った子どもたちは幸せなんじゃないかなと思うくらいです。何かその関係がとても希薄になっています。

ですから、こういう子どもたちが就労し生きていかなくてはならないという現実、高校も出ないまま就労するといってもほとんどできない。できても、その中で生きていくのは職場の関係がとても難しくて仕事を継続し、人間関係を維持していくのがとても難しいのです。

それから子どもたちは自己表現することが苦手になっていっています。言葉を引き出すのがとても難しい。今、何がしたいのか、どんなことに苦しんできたのか、ということについても、言葉を聞き取ることがとても時間がかかるし難しい。おそらく言葉を持ってい

ないということと、聞いてもらった経験がないのではないかと思います。いろいろな背景があるのだと思いますが、自分の持っている苦しみをじっくり話す場所がこの子たちになかっただろうなと感じることがあります。話していてどこかでスイッチが入って語り出すと、今度は止まらなくなって、どーっとしゃべり出して、もうだれかれ構わず駄々をこねるみたいになる。人との距離感がわからないようで、誰に警戒しなくてはならないのか、誰を信頼していいのかわからないまま生きてきたんだなと感じます。そういう子どもたちがあふれているようです。

それから希望が持てない。どうしたいのかということが決められない。なので私たちは、とにかく「今日のご飯、なにが食べたい？」というようなところから始めていくわけです。これは自分で自分の人生を決めるなんていうことをしてきたことがない人たちが多いのだと思います。「言われればやります、何でもいいから決めてください」という感じです。

だから私たちは、「ご飯を食べるか、パンを食べるか」、「お風呂に入るかどうかもあなたが決めて」と、生活の1つ1つから、自分のことを自分で決めていいんだよと伝えながらやっていきます。「あなたはこれからどうしたいの？」と聞かれても、全然わからないわけです。

あそこには居たくなかったということで逃げた子どもたちですが、では自分がどうしたいかはわからない。先行きが見えない、先行きに対して希望が持てない、そういう子どもが増えてきているなというのが私の実感です。

■困難を抱えた子どもの暮らしの場を作る

坪井 その中でたくさんの課題があるわけですが、私は弁護士として、これまで出会ってきた子どもたちがつらい思いをしていることを知ってシェルターを作り、その子どもたちが行くところがないから自立援助ホームが必要になり、精神的に追い詰められた子どもたちの遊び場が必要とハウスを作り、と子どもの声に押されてやってきました。法人内では、もう理事長余計なことはしないでください、なんて言われてはいるのですが、そうは言われても見えてしまうことがあるわけなのです。

その1つは、病んでいる子どもたち、医療を必要とする、あるいは発達障害と言われている子どもたち、しかも親の支援が得られない子どもたちです。その子どもたちを社会の中でどうやって支援していくかということをしていかなければならないと思います。今運営している「カリヨンあしたの家」の活動はすごく困難な取り組みです。スタッフも大変ですし、主治医のお医者さんと入退院を繰り返しながらの子どもたちをどうやって支えていくか、それぞれの子どもに弁護士もつき、児童相談所も入ってやっていますが、でも出口が見えない。その中でどうしていったらいいんだろうと模索しているわけです。誰も答えを持っていない。例えば、発達障害を持っていて家庭がない子どもにはどこに居ればとりあえず人生はおくれますよ、という回答が見えていないのです。児童心理治療施設（旧・情緒障害短期治療施設）という施設がありま

す。東京にはないのですが、神奈川や埼玉にはあります。こうした、病院で子どもたちを隔離するような形に近い施設がありますが、でも、「暮らしの場」にはやっぱりなりきれていません。暮らしの場で、こういう病、障害を抱えた子どもたちが 20 歳になりさらにその先も生きていくのにはどのような支援をすればいいのか、答えが見えていないのです。今やっていることがうまくいくかどうかもわかっていませんし、もう駄目なんじゃないかと言われたりもしているのですが、でもこの子たちはやっぱり生きていく権利を持っているわけです。だから、その子を支援するのにこれでは駄目だ、支援できない、ということなら、それはもうチームワークでやるしかないのではないかと思っています。スタッフも弁護士もお医者さんも児童相談所も、1人の子どもを真ん中にしていろんな人たちがスクラムを組んでこの子を抱きしめ続けてこの子と生きる、これしかないんじゃないかと思うのです。

私には今、それ以上の解決策はないのですが、今までのカリヨンの活動にプラスして、そうした人たちをも巻き込んだ、スクラムの支援をやっていくことが課題の1つです。

■若者の自立支援への願い

坪井 もう1つは若者支援です。カリヨンを巣立っていった子どもたちはもう 20 歳を過ぎています。早い子は 34 歳、35 歳になっています。子どもたちが20歳になったとたんにすっと自立をして社会人になれる、なんていうことは簡単にできない。家族がいたって大

変な時代です。それなのに家族がいないとか虐待経験を抱えた子どもたちが、若者になって生きていくというのは、本当にこの日本では大変です。児童福祉としての支援制度はあるのですが、それが大人になったとたんになくなってしまうのです。カリヨンを出て行った子からも、就労が続かない、解雇された、パワハラがあった、セクハラがあったという相談がグループホームの職員にきたり、担当弁護士のところにＳＯＳがあったりします。交通事故に遭ってしまったとか、事件を起こしてしまったという人もいます。ほかに、妊娠をしてすぐに男の人に逃げられて産婦人科もいかないまま出産をして、シングルマザーになってどうしたらいいかわからない、子どもが憎くてたまらない、と言って赤ちゃんを連れてカリヨンハウスにカウンセリングに来る人もいます。

このように、カリヨンを出た後の子どもたちが若者になったときに誰が支援してくれるのか。この制度をなんとかしないといけないと思います。昔はもっと早く自立できたのですが、今は、30歳くらいになると少し先が見えてくると感じています。でも、そこまでの間、社会の波風の中で生きていくことはすごく大変です。もちろん相談窓口はいろいろあるのですが、そこが本当に、子どもたちに若者に、寄り添うような形の支援ができているかどうかが大事だと思います。カリヨンに子ども担当の弁護士がいるわけですが、若者になった人に若者担当の弁護士になってずっと支援が確立するまで伴走できる人がいるでしょうか。あるいはいろんな支援をしているＮＰＯがたくさんあって貴重な活動をしていらっしゃる

けれど、なかなかつながらない実情がある。医療支援だったり、教育支援だったり、経済的支援だったり、就労支援だったりの活動がそれぞれにされている。でも1人の人をめぐる支援って、一緒にやらなくてはいけないのではないかと思います。

そこで、その人たちを、真ん中に居てコーディネートをするところがないと、やはり若者はあちこちたらいまわしになってしまうのです。こういう集中的な支援があって、伴走者がいて、子どもの場・制度でやっていたことが若者にもできるような仕組みを作っていかないと、若者たちが立ち上がっていけないと感じています。これが今のカリヨンの現場での課題となっています。

今、土井さんとご一緒して、東京都の青少年問題協議会というところで、「困難を抱える若者の自立支援」ということについての意見交換をしているところで、そういった若者支援を含めてどうやっていくかを大切な課題としているところです。最終的な目標は、常に言ってきた言葉なのですが、「生きていて良かった」と誰もが思えること。1人ぼっちじゃないと感じられること。そして自分の人生は自分が決めて歩いていいんだと思えること。この3つが私は人権の柱だと思っているのです。このことを1人1人が感じられるようになるまで努力していきたいと思っています。

司会　ありがとうございました。それぞれの先生のお話の中で、今の問題が大変リアルに論じられ、それがつながっているということも理解できました。今、私の頭の中はいっぱいな状態です。皆さんはいかがでしょうか。

それでは会場の皆さんから質問をいただき、それを踏まえて、話し足りなかったことなども含めてパネラーの方々にお話していただくという形で進めていきたいと思います。

　では質問のある方は、挙手をお願いします。

【質　問　要　旨】

（質問１）　土井先生から、何があっても自己責任だと思ってしまうような子どもが多いという話があった。なぜ、そのようになってしまうのか。

（質問２）　家族の関係が希薄だという話があった。子どもたち・青年たちと親の関係とをどう考えたらいいのか、もう少し聞きたい。

（質問３）　今日の深刻なネガティブな状況についてよくわかった。そうなってしまっている原因、背景について聞きたい。問題児だけの問題ではなく、一般の若者・青年たちが同じように展望を失っていると思われるが、その状況をどう切り開いていけばいいのか。

（質問４）　宮下先生から大学での教育の内容と教育現場でのギャップがあると話された。なぜそういうギャップが生まれ、なぜ埋まらないのかについてご意見をうかがいたい。

（質問５）　土井先生に。自分自身が持つネガティブなイメージと、他の大部分の人が持っているネガティブなイメージ、それは今までと違ってきたのか、あるいは以前からあることなのか、もう少しお話を聞きたい。

（質問６）　坪井先生のお話にあったカリヨンでの若者支援について、具体的にどういったことが必要なのかをもう少しうかがいたい。

司会　では、シンポジストの先生方に、関係する質問の内容に触れていただきながらおひとりずつお話していただきたいと思います。時間の制約もありますので全てにお答えいただけないかもしれません。ご容赦ください。では、最後のまとめとしてお話をしていただきたいと思います。

■ギャップを生む制度

宮下　ご質問ありがとうございます先ほど話し足りなかったことを含めてお話したいと思います。

　まず、教育現場でのギャップのことです。子どもの変化は成長には時間がかかり、「待つ」ということと「寛容」ということが重要なキーワードになるのですが、そういう点で、学校は昔ほど優しくないのです。子どもに対しても教師に対しても…です。だって、昨日まで大学生だった若者が４月から急に先生と言われるわけですから、うまくできないのは当たり前のことだと私は思います。私自身、ダメな教師だったので、できないことがいっぱいありました。それを保護者や子どもに助けてもらい、同僚の先生に助けてもらって、ここまで何とか来たと思います。今は、即戦力を求められ、ものすごく大変です。そして、どうしたらいいかを自分で考えて、みんなで知恵を絞ってやっていこうという仕組みも場面も、残念ながら今の学校にはほとんど見え

なくなっています。学校によっては職員会議がないところもあり、会議で話し合うのではなく上からの指示通りに動くということになっている。そのときにできなかったらダメというわけです。

それは1998年頃から始まっています。学校管理運営規則というものがあるのですが、それが変わって校長が全てを決めることになり始め、ずっと進んできて、今、しっかりそうなってしまっています。私は中学の教員を退職して6年目になりますが、この6年の間でも信じられないほどの変容があります。そういう学校の中で、例えば、誰か実権を握る人がこうだと言えば、あとはその通りにやるかどうか、そしてどうやるかだけが試されるという、会社のような仕掛けが学校の中に入っています。その通りにできないのはダメな教師ということになります。例えば、子どもが騒がしいのはダメ。それから子どもはきちんとキビキビキラキラしているのがよいという価値観があって、その通りにさせられるかどうかは教師の力量だということになります。では、子どもの心はどこにあるの？という、そういう感じがします。

私の知っている実例をお話します。中学校のある学年です。この学年の子は、キラキラはしていますけど、きちんとキビキビしていない。朝礼のあと、部屋に戻るまでのおしゃべりも多い。別の学年は、黙動です。つまり整列をして黙って退場。小学校からそうやってしつけられています。そういう学年の先生からは、「お前の学年はどうしているんだ」と叱られます。でも、そのきちんとキビキビしている学年の子どもは、不登校の子が1年、2年、3年と増えているのです。全部のクラスに複数の不登校の子がいます。ところが、きちんとキビキビしていないけどキラキラしているだらしないと言われる学年には、不登校の子がいないのです。

どっちがいいのと考えれば、はっきりしていると思うのですが、世間の目も含めて学校評価をするときには、きちんとキビキビの方がいいとされてしまう。

ひどいことを言ったりやったりしている校長も、実は大変なのです。なぜかと言えば、評価をされるからです。役立たずと評価されてしまうと飛ばされてしまう。だから従わざるを得ない。こういうことが、この15年でぐ〜っと進行して、今はそういう学校が当たり前になっていて、そこに異議を唱えることが難しい。お前なに言ってるの？というような状態です。自己責任と教員評価、そして競争という中に、学校も教師も駆り立てられています。そして校長も含めて苦しんでいる、こういう状況があるんじゃないかと思います。

つまるところ、子どもとの関係で言えばこういうことだと思います。もし買ってきたベッドに寝てみたらサイズが合わず足が出てしまう。こういう事態が起きたらどうしますか？ 私たちはベッドを替えて、サイズが合うようにしますよね。でも、残念ながら今の学校は、ベッドのサイズに合わせて、足を切ってしまうような、こういうことが実際には行われているのです。このことをもっともっと深刻に考える必要があるのではないでしょうか。規格に合わせた美しい箱に入っていれば、それがいい学校だという評価が世の中にあることを考えなくてはいけないと思います。

■子どもの異議申し立てを　キャッチする

宮下　明るい話も 1 つ言いたいと思います。ゼロトレランス、寛容度ゼロ、例外なし。これをやっている学校があります。

　生徒指導規定というもので、例えば教師に暴力を振るったらすぐに 110 番通報、ということが書いてあります。イジメをしたら別室指導を何日とかと決まっている学校もあります。イジメだけではなく、いろいろなことで、何日という別室指導になる子どもがいます。そのように、「お前はこれでこの情報に照らし合わせて別室指導何日」となっていった。すると部屋が足りなくなってしまったのです。そこで歯医者さんの予約の順番のように、「お前は秋の 9 月何日から何日まで」みたいなことになった学校が、本当にあったのです。

　その学校で、あるとき家庭科の時間に友達とのいざこざが引き金になって、子どもがキレてしまった。そうしたらスクールポリスという人が学校にいるのですが、先生がすぐスクールポリスと校長に直接電話で連絡をした。そして 2 人がすぐに来て興奮している子どもを押さえた。押さえたら当然、子どもは暴れます。暴れた足がポンと校長の体に当たった。

これで対教師暴力ということで、すぐに 110 番。その子は警察に連れて行かれ、しばらくして帰っ

てきたということがありました。そうしたら生徒たちが怒ったのです。「なんでそんなことするんだ」と怒って教室をロックアウトした。1960 年代じゃない、今の話です。

　校長はこれですっかり回避できたと思っていたのですが、結局このこともあって因果関係はわかりませんが途中退職するという事態になりました。今、こういう状況にある中で、確かに昔のような「非行」というレッテル貼りされる行動に出る子どもたちは少なくなったかもしれません。でも、子ども隊はそんなにヤワじゃないと私は思っているので、こうした管理は子どもの異議申し立てにあって必ず行き詰まると思います。あとはそれをキャッチする大人たちがどれほどいるのか、そしてその共感をどれほど広げられるかということが勝負ではないかと思います。

　子どもがチャレンジと失敗を重ねながら社会性を身に着け成長していくという役割を担う学校には、「違い」を認めることと、「寛容」、そして「待つ」ということが必要です。そういう原理原則は忘れないでいたいと思います。

■自己責任の落とし穴を崩す

土井　今の宮下さんの話にちょっと足してお話をしたいと思います。ギャップの話です。調査のデータを見ますと、10 代の子どもと 30 代の親御さん、学校の先生でもいいんですが、この間に価値観のギャップがありません。しかし、30 代と 50〜60 代の間には価値観のギャップがあります。つまり今の子どもたちと親御さんたちは価値観のギャップがないんで

すね。ということは、先ほど言われた自己責任だと感じてしまう傾向は親御さんも同じだと思います。親も子の問題を親の自己責任として捉えてしまう、そういう傾向が今の10代の子どもたちの親御さんにはあると思います。

学校で言えば若い先生と生徒の関係よりも、60代の先生と30代の先生との間の方が大きなギャップがあるということです。で、そういうことを考えてみると、親同士の交流あるいは先生同士の交流を考えるときに、これは1つ世代を跨いだ異世代の交流というものが必要なのではないだろうかと思います。これが自己責任の落とし穴を崩すためには必要だと思います。僕らの時代は、社会が悪いとか、社会に物申すとかを普通のことと感じていました。だからその感覚を親同士の交流の中で変えていくことが大切ではないかと思っています。

もう1つのギャップの話は、先ほど私にご質問のありましたレッテル貼りの話です。レッテル貼りという名称は確かに昔もありました。ただ私は、そのレッテル貼りの中身が変わってきていると思います。ある人がその人がどのような人格を作ってきたのか、そういうことに対してレッテルを貼るということは昔もありました。でも、今はどうでしょうか？もう少しそこに本質的なものの違いを見ようとする。本質的にあなた方と私たちは違うんですよ、という形のレッテルになってきていないでしょうか。本質が違うんだからそこはお互いに理解できないでしょ、私は別にあなたに関与はしないからご自由にどうぞ。でもその代わり、住み分けましょうよ。そういう、いわば本質主義的なレッテル貼りになってき

ているように思います。30代から下の方のほうがこうした見方をする傾向は進んできているのではないかと思っています。

そうすると、例えば社会とかあるいは他の集団に対して反旗をひるがえすとか抵抗するとか、そういうことは悪いことだと思ってしまう。私たちの世代では校内暴力と聞いてイメージするのは対教師暴力です。ところが今の若い人は、校内暴力でイメージするのが生徒間暴力なのです。つまり、先生に対して暴力を奮うということは想像できない。それはつまり、社会に対して物を申すとか抵抗することを、悪いことだと思うということです。それは、先ほど申し上げた自己責任とのセットになっていると思います。

こういう状況を変えていくのはやはり我々の世代だと思うので、世代を跨いだ交流が必要なのではないかと思っています。

■若者たちの支援機構を作ること

坪井 私からは、質問にもありました若者支援について、もう少し話をさせていただきます。

今、私が本当にほしいと思っているのは、どこの機関がいったいどんな支援をしていて、誰が何をしているかということを支援者同士が知りたいということなのです。カリヨンのシェルターに入ってきたこの子について考えるとき、この子はこういう形で生きていかなくてはいけないのだけれど、私たちの力だけではどうにもならない。いったいどこに行けばどういう支援があるのかということを知り

たいという気持ちがすごくあります。で、どこか知っているところに行って聞けば1つだけの情報は得られると思います。でも、その他の情報が得られない。この支援をするに当たって、どこの機関が何をやっているのかという、顔と顔がつながらないような状況が若者支援の世界にはあります。なので、就労支援だとか発達障害支援だとか医療支援だとかいろんな形の若者支援をしているNPO団体や行政の窓口の資料を持っている相談窓口がほしい。

これは行政の仕事だろうと思います。そこの担当になった人たちは常に必死にいろいろな情報を集めていて、そこに行くと、単に紹介するだけではなく、顔の見える紹介で、「あの人に頼めば大丈夫です」くらいの情報が本当にほしいのです。そこでは、「こういう事案なんですけれども」と相談者が行ったときに、それに必要なのはこういう支援ですね、あなたに必要なのはここのこの人に相談してみましょうか、というコーディネートをしてもらえる、そこまでやってもらえる相談窓口がほしいのです。たらい回しにしないで相談機関を集めてコーディネートをする相談窓口。それが都であったり市区町村であったりにあればと思います。

それから、相談に行く側の若者ですが、自分が何に困っているかをちゃんと言えて相談しているかというと、それがとても難しいことなのです。自分が困っていることがわかって、それをちゃんと相談できる人は相当な力がある人なです。やはり、何をどうしていいかわからないまま相談に行って、「君、それじゃあわからないよ」みたいことを言われて帰

ってきてしまう。そういう形になってしまわないように、ちゃんとパーソナルサポーターがいて、この人の思っていることはこういうことなんだということを一緒に相談窓口に行って、本人が伝えられない時に代弁してあげられる人、こういう存在も必要だと思っています。これをやるのは誰なのだろうということもいろいろ考えなくちゃいけないのです。

カリヨンの場合ですと、子ども1人1人に弁護士を付けるというシステムができているわけです。子ども1人が抱えている問題を把握して関係機関に代弁する人として、特に親権者となるような法的対応が必要になることもあって弁護士が付いています。

カリヨンでは、この子ども担当弁護士のことを「子担（こたん）」と言うのですが、子担の弁護士がその子が20歳になった後も、困りごとがあったときに、ボランティアで一緒に相談に行ってくれたりしています。

でも、今は、実際には制度としては、20歳になったときに担当する制度はないのです。ですから、この子担制度と同じように、若者担当制度のようなものを弁護士会で作れないだろうか、あるいは、かつて教員でいらした方々は若者と話をするのがとても上手なので、そういう方たちの中でこういうボランティアをやってもいいよ、パーソナルサポーターになってもいいよという方たちに集まっていただいて、若者たちのパーソナルサポーターしての支援構築ができるまで、関わってくれるようにできないかな、などのあたりを考えているところです。

■あきらめないこと、「違和感」を感じ続けること

坪井 まずはケースを集積していくしかないと思うのです。たとえばカリヨンでのケースを例にとると、発達障害を抱え、家がなくお金もなく就労もできず、学校に行っている子がいます。しかし今後行く場所がないのです。アパートを借りるためにどこに話をしたらいいのか、不動産業者と制度とをどう結び付けていくのかなどをまずやっていかなくてはなりません。この人には障害者手帳が必要なので、精神障害者保健福祉手帳を取るために6ヵ月間医師のところに通わなければいけないので、どこの医師に行ってもらうかを決めます。それでその子は、6ヵ月間一生懸命に通って障害者手帳をちゃんと取りました。そこで地域包括支援センターにつなぎ、その後の自立支援のサポートをしてもらったり、ヘルパーに行ってもらったり、就労の体験をさせてもらったりしました。居場所にもつなごうなど、いろんなことを集めていって、関係者の人たちみんなに集まってもらってケース会議をしました。

そこには必ず弁護士が入り、カリヨンのスタッフが入ってやっていく。こうやって1カ月していろいろなものが動いていき、なにか問題になりそうになったらまたケース会議で皆に集まってもらう。こういう形で1つのモデルができました。モデルができると、次にあのモデルが使えるね、といった形でまたやっていけるのです。

こういう形で支援の多機関が連携して、パ

ーソナルサポーターがいてコーディネーターがいるという支援の実績を積むことによって、支援のモデルが見えてくるのではないかと思います。

司会・北村篤司さん

ニーズがある限り必ず道は開けると私は信じています。あきらめちゃいけない、今は制度がないからとあきらめない、ないなら作ろうよ、ということだと思っています。

2004年から創設された要保護児童対策協議会などの歩みを見ていると、始まった頃にはここで何ができるんだろうと思っていました。でも、今は私の地元を見ても、学校や保健所や幼稚園や警察などで子どもを救える連携ができるようになっている。大変な道のりを経ながら、たくさんのケースを集積していって、虐待されている子どもたちを救うことができるようになってきました。この10年の歩みを見ていると、やはりニーズがあるならそこであきらめない。それを感じた人たちが自分たちの意思で集まってそこからやれることをやっていけば、きっといつか制度ができるだろうと思っています。

けっしてあきらめない、そして、これおかしいな…と違和感を感じ続けることだと思います。この人たちが救われていない、この人たちが生きられない世界、これおかしいなと違和感を感じ続ける。私は、これでいけるんじゃないかなと、すごい楽観的で申し訳ありませんが、そういう思いです。

■つながることが希望につながる

司会 ありがとうございました。パネリストの皆さんには、限られた時間の中で充分にお話しできなかったところがあるかもしれませんが、私は今日のシンポジウムを通して、社会の課題ということについて、たくさん感じ取るものがありました。併せて、私自身の中に、管理とか、評価したり評価をされるということを意識しているということを感じたりもしました。

それから、最後に先生方の話の中で、希望といえるものをちょっと感じることができました。それは、「異議申し立て」というか、「違和感」というか、子どもが発するそういう違和感をキャッチする、おかしいと思うことはやっぱり「おかしい」と言う。そういうことがやっぱりつながっていくということです。いろんな人がつながっていく中で、その違和感といったものを大切にしていったら、もしかしたら、これから私たちが希望を感じられることがあるのではないかなということを、最後に少し感じさせていただきました。

短い時間の中で、とても深い内容のお話しをいただきました先生方に感謝して、終わらせていただきます。

非行克服支援センター
設立 15 周年に寄せて

寄せられたメッセージの一部を紹介します

不退転の覚悟で立ち上げた頃を思う

能重真作（前理事長）

「非行」と向き合う親たちの会（あめあがりの会）を母体にして立ち上げた非行克服支援センター（以下・センター）は、15 周年を迎えました。

生みの親のあめあがりの会は、「悩みを共有する仲間が欲しい」「1 人で悩む親をなくしたい」という素朴な願いから発足したわが子の非行体験を持つ親たちの自助グループです。非行の子を持つ当事者の親たちが社会に向けて声を発したことで注目され、マスコミに大きく取り上げられことで急成長し、全国的な規模の組織にまで発展しました。

発足当初は、連絡先として東京総合教育センターの電話を使用させていただいていましたが、例会の問い合わせや相談の電話が相次ぎ、業務の妨げになり、専用の事務所の必要性に迫られていました。その背中を押したのが、「親の立場に立って相談にのってくれるところがほしい」という親たちの声でした。

当時、凶悪な少年事件が大きく報道されて社会的な問題になっていましたが、非行に特化した民間の相談機関はありませんでした。あめあがりの会の代表、副代表、事務局長の三者で協議し、社会的なニーズと考え、NPO法人非行克服支援センターを立ち上げることを決めました。始めたからには、途中で投げ出すわけにはいきません。ゼロからの出発で、まさに清水の

舞台から飛び降りる思いでの決断でした。

都心に事務所を置くとなると、賃貸料だけでも大変です。支援センターの財政基盤は会費収入です。会員の拡大が急務でした。ここでも頼りになったのが、あめあがりの会の会員たちです。センターの立ち上げを「わが事」としてとらえ、多くの人がNPOの会員になってくれたのです。

組織としては、1 年の準備ののち、東京都の審査を経て、2003 年 1 月、産声を上げました。活動のメインは子どもの「非行」に悩み、対応に苦慮する親や教師のための相談活動です。とりわけ親の相談では、悩みを共有し、共に考えることを基本にしています。そこからあめあがりの会に入会し、例会に参加する親もいます。

親の相談を受けて、直接、子どもと向き合うこともあります。多くは事件を起こした子ども（以下・少年）で、出会いの場は警察の勾留所や少年鑑別所です。家裁に送致された段階で親の選任を受け、裁判所の許可を得て少年の付添人になります。発足当初から付添人の依頼が多く、その対応に追われました。

付添人としての活動は一般的には審判が終了すればなくなります。しかし、このセンターの付添人活動は、文字どおり少年の非行克服を支援し、社会的自立を見守ることを旨とし、審判後も関係を続けます。

少年との関係が問われる少年院には、少年の元付添人で相談員という立場で面会に行きます。しかし当初は、付添人活動も少年院での面会も、簡単に受け入れられたわけではありません。付

添人の許可については「弁護士以外の付添人は前例がない」「審判後の支援につなげるなら審判が終わってからすればいい」と冷たくあしらわれることもありました。それでも許可、不許可の決定は裁判官の職権です。その場で調査官に面会を申し出て、裁判官に話しを通してもらって許可されたこともありました。

少年院での面会では、センターの社会的認知が十分でなかった頃、そのような団体は承知していないと断られ、上司に代わってもらって説明して面会が認められたこともありました。少年院での面会については、法務省を訪問して担当部署の課長と面談し、センターについて説明して協力を要請しました。課長は大変好意的で、全国の少年院に周知徹底することをしてくれました。この時の課長は、退官後、センターが行う講演や講座の講師を引き受けるなど、さまざまな形で、センターを支援してくれています。

少年院との関係が大きく変りました。支援センターの役員やあめあがりの会の親が、少年院の保護者対象の講演会や教官の研修会の講師を依頼されようになりました。

支援センターの事業との実質的な関係では、埼玉県の委託事業としての県民無料の電話相談や「青少年立ち直り体験交流会」の他、所在地新宿区の委託事業の「思春期の子どもと向きう連続講座」などがあります。

いまでは、国の行政機関が非行克服支援センターを更生のための社会資源として認知し、内閣府や文科省がホームページで紹介してくれるようになっています。

話はいきなり変わるようですが、支援センターの主体的行事の1つに、恒例となった教師・教育関係者向け講座があります。理事を中心に退職教師の会員で編成した運営委員会で企画・運営する講座で、参加者の多くは現職の教師です。夏休みの丸2日、フルに使ったハードなスケジュールで、3日目はオプションで、鑑別所や児童養護施設、少年院などの見学学習会があるなど、内容も充実したもので、いつも定員いっぱいの盛況です。

不退転の覚悟で立ち上げた当時を思うと、感無量です。

最後になりましたが、センター設立の趣旨に賛同し、センターの事業のために助成金を交付していただいた財団、並びに、呼びかけに応じて会員・賛助会員になって支えてくれている方々に、心より感謝申し上げます。また、非行克服支援センターの活動のますますの発展を祈念いたします。

おめでとう、そしてありがとう

浅川　道雄（副理事長）

15周年、本当におめでとうございます。

「非行」と向き合う親たちの会（あめあがりの会）がささやかに誕生し、それが全国へと広がり、大きく発展し、とうとうNPOという押しも押されぬ「非営利法人」にまで発展させてきた仲間たちと、健気な私どもの訴えに応えてNPOに参加し、資金的にこの会を支え続けて下さった支援者の皆様に、副理事長の一人として、心からの感謝を捧げると共に、ここまで発展し、なおも発展し続けている「会そのもの」に、心からの「おめでとう」を贈ります。

もう一度、おめでとう、そして、ありがとうございます。

なぜ、非行克服支援センターが
できたのか

春野　すみれ（事務局長兼副理事長）

そうかあ15年かぁ。そう思いながら、古い資料を改めて開いてみました。

非行克服支援センターは、2003年1月6日にＮＰＯ法人として成立しました。今年、2018年はそこから15年にあたるわけです。

その前年、2002年9月7日、24人の出席で非行克服支援センター設立総会が開かれ、年末の12月には設立祝賀会が開かれました。歌手で俳優の上条恒彦さんがゲスト参加されて、お祝いの言葉をいただき、ギターで歌ってくださり、感動的な祝賀会になりました。この日、各界の皆さんが、心のこもった賛同のメッセージをたくさん寄せてくださったことを今も鮮明に思い出します。

12月に祝賀会を開催したのは、実はこのころにはすでに法人として認証されている時期と踏んで準備をしたのですが、年末はお役所も混んで、設立日が正月明けの1月6日にずれ込んでしまったというわけでした。

ではなぜ、この非行克服支援センターを作ることになったのでしょうか。

その6年前に、「非行」と向き合う親たちの会（あめあがりの会）が活動を始め、親の自助グループの役割の大きさを実感していたところでした。しかし親の会が定着してくると、子ども本人への支援、個別に起きる様々な緊急事態の相談や対処、諸機関への要望や連携の必要性など、その日その時に対応しなくてはならないことがらが次々に出てきました。しかし、それを自助グループが行っていくことは、自助組織本来の役割とのズレが生まれかねないということも感じ、非行の支援を具体的に行えるＮＰＯを作ろうと、同じメンバーで考えたのです。

設立当初の理事長・能重真作さんは、元中学校の先生で荒れた子どもたちに向き合ってこられた人。一緒に活動して、どんな子どもにも深い愛情と尊重の気持ちで対する姿には心打たれ、学ばされました。また副理事長の浅川道雄さんは、35年間、家裁で少年事件の調査官として仕事をされ、少年事件のことを知り尽くしていて大変心強く、現在理事長の小笠原彩子弁護士や設立当初から監事を引き受けてくださっている坪井節子弁護士など、素晴らしい人たちの参加に励まされ続けてきました。

私は、当時はまだ多くなかったＮＰＯについて勉強し、事務所探しから登記などの実務をやり、電話当番、事務所の雑用をとにかく引き受けました。会計係をかって出てくれた方、代わるがわるに事務所に来て手伝ってくださる方々にどれだけ助けられ、力をいただき、学ばされたかわかりません。

こうして、あめあがりの会と深く連携しながら、立ち位置としては、それまでにはなかった「当事者目線に立って『非行』に関わる」支援団体として誕生したのです。今日までの相談件数は3600件。行政からの委託事業や協働事業、民間団体、ボランティア団体との協力、そして心あるさまざまな財団の支援、マスコミの方々の理解もいただいて、地道にですが、ここまで歩いてくることができました。

毎日毎日は、ドタバタドタバタ。かつての不良娘は私の顔を見るといいます。「ちゃんと、夜、家に帰ってるの？　自分の体も心配しなさいよ！」と。あ〜あ、逆になっちゃった。でも仲間の中でドタバタするのは心地よいものです。

もっと住みよい世の中にしたいから！　子どもの苦しみ・親のつらさ……そこからみんなが幸せになれることを考えて、今やれることを精いっぱいやるだけです。

問われている大人たちの力

中西　新太郎（横浜市立大学名誉教授）

　15 年間のたゆまぬご活動に心から敬意を表します。

　いま、学校も社会も、思春期の子どもたちにとってますます息苦しくなっています。がんじがらめに縛られ、身動きのとれない日々を送るか、排除され無視され尽くすしかない社会環境が広がっています。

　そんななかで、子どもたちを支え、社会に出てゆく彼女ら彼らの苦闘を長い眼で見つめ受けとめる大人たちの力が問われています。センターの活動がそうした大人たちの決意と希望とを集めたものとして一層大きくなることを念願しています。

センターの設立が果たした役割

木村隆夫
（岐阜ささゆりの会・日本福祉大学）

　非行克服支援センター設立 15 周年おめでとうございます。

　センターが設立される前わが子の非行や問題行動に苦しむ親たちは、わが子の荒れに振り回され苦しめられると共に、無理解な世間の冷たい視線にさらされ攻撃されるという、二重の苦しみの中で孤軍奮闘をせざるを得ませんでした。

　センターの設立は、そうした親たちに、「1 人ではない」という安心感をもたらしました。おかげで、親たちがわが子の非行と向き合う力と意欲を取り戻すことができるようになりました。

　センターが設立され、各地に親たちの会ができ、非行克服支援の流れも大きく変わりました。

　ある親御さんは、「以前はわが子の行為に向き合っていたが、親の会と出会ってから、わが子の心と向き合えるようになった」と語っておられましたが、「行為に左右されるのではなく、心と向き合う」ことの大切さを社会に啓発された役割は大きいと思います。

　少年司法の分野では、少年法適応年齢の引き下げなど、厳罰化と社会的ネグレクト化が進められようとされる今、「少年の行為に左右されるのではなく、少年の心と向き合う少年司法」を目指していっそうの努力をお願いします。

「素敵な娘さんですね」のひとこと

鈴木　はつみ（山梨ぶどうの会）

　高校生の娘が、「無免許バイクに 3 人乗り」パトカーに追いかけられて検挙されました。初めての警察署、そして家庭裁判所に出向きました。親としては慌てふためき、肩を落としていました。

　あれから 13 年経ちました。あの時に出会ったのが千葉県で開催された「非行」を考える全国交流集会でした。娘も一緒に参加しました。昼休みの時、食堂のテーブル近くにいらしたスタッフのような相談員のような女性の人に、何となく私から声をかけてみました。たぶん私は、つらそうで困っている表情だったと思います。そうしたらなんと返ってきたことばが、「素敵な娘さんですね」のひとこと。他にも優しくていねいにお話ししていただきましたが、そのひとことは今でも忘れられない印象に残ることばでした。

　表われる行動は、「問題行動」だったかもしれ

ないけれど、その背景にある学校の生きづらさに娘が反発していることに気がついて、娘をとても愛おしく感じることができました。

　今になってみると、高校から呼び出された時に、親としてもっと娘の立場になって、味方になって学校側に立ち向かった対応をすべきだったと後悔しています。娘は今、中学生の頃からあこがれていたネイリストのしごとに生き生きと励み、親から見ても、とても頼もしく感じています。

　山梨に立ち上げた「不登校の子どもを持つ親たちの会」（ぶどうの会）も12年が経過しました。今改めて思うことは、憲法・子どもの権利条約が真に生かされて、すべての子どもたちが生きる希望と将来への夢がもてるような教育環境を作っていくことが、とても大きな課題と受けとめています。

　命の恩人でもある、あめあがりの会の皆さんと、そして非行克服支援センターの皆さんと一緒に、私たちも、これからも歩んでいきたいです。

■協働して事業を行っている行政の方々からも、お祝いの言葉をいただきました

お祝いの言葉

埼玉県県民生活部青少年課長
岸田　正寿

　特定非営利活動法人非行克服支援センターが創立15周年を迎えられましたこと、心からお喜び申し上げます。また貴法人が創立以来、非行少年とその家族に寄り添いながら非行の克服と立ち直り支援に御尽力いただいておりますことに、敬意と感謝の意を表します。

　近年、少年の非行は減少傾向にありますが、再犯率は依然として約40％と高く、大きな課題となっています。こうしたことから、本県では貴法人に御協力をいただきながら、電話相談や保護者向けの交流会、学び直しなどにより、非行少年の立ち直り支援に取り組んでいるところです。

　貴法人におかれましては、今後とも、非行少年と非行で悩む親への温かい支援をお願い申し上げますとともに、貴法人のますますの御発展を祈念申し上げます。

お祝いの言葉

新宿区立子ども総合センター所長
関原　陽子

　このたびは、設立15周年を迎えられましたことを、心よりお慶び申し上げます。

　貴団体と新宿区が協働で思春期の子育て支援事業を開始して、今年で10年目を迎えました。子どもを取り巻く社会的背景が目まぐるしく変化していく中で、時代に即したテーマ設定をしながら連続講座やシンポジウムを開催し、多くの参加者から好評をいただいております。

　事業開始当初から、当事者の方々に寄り添う気持ちを持ち続け、さまざまな問題が生じやすい思春期の子育てのためにご尽力くださっています。

　貴団体の皆様に敬意と感謝を申し上げるとともに、これからのますますのご活躍とご発展を心より祈念いたしております。

　創立 15 周年ならびに記念シンポジウムの開催おめでとうございます。今日を迎えられるまで、皆さまが子どもたちと真摯に向き合い、希望を掴まれるまでの苦悩の日々があったことを想い、そのご努力に敬意を表する次第です。

　私たちキリン福祉財団は平成 18 年より、この非行少年の立直りを支えるためのネットワークを広げる事業を応援させて頂いております。

　これからも、当事者の皆さまとスタッフの方々の活動により、多くの親や子ども達に勇気を与え、非行からの立ち直りが更に進みますよう心より祈念申し上げ、お祝いの言葉に代えさせていただきます。

　本日は誠におめでとうございました。

●埼玉県：2008 年より「非行に関する相談窓口」、2009 年より「青少年立ち直り体験交流会」の企画運営を委託されています。
●新宿区：2009 年より「思春期の子どもと向き合う連続講座・シンポジウム」の企画運営を委託されています。
●公益財団法人キリン福祉財団：2006 年より助成をいただいています。

これからもよろしくお願いします。

NPO 法人非行克服支援センター理事長
小笠原　彩子

　設立時から理事を務めさせていただいていましたが、29 年度より、理事長に就任いたしました。

　当支援センターは、当事者の声・願いを大切にこれまで活動してきました。そして、会員 1 人ひとりのこんなことをやってみたいという希望に添って、背伸びせずに活動してきましたし、今後もそのことを大切にしたいと思います。

　各種研修会や相談事業などに加え、昨年度は北海道の網走刑務所や北海道家庭学校の見学を中心としたツアーも行いました。30 年度からは、あらたに家族支援のための調査研究活動も行っています。

　ぜひ、無理のない範囲で多くの皆様にこの活動にご参加、ご協力いただけるとうれしく思います。今後ともよろしくお願いいたします。

北の国の学校から

北星余市で「変わる」ということ

本間涼子・北星学園余市高等学校

◆「変わる」とは何なのか◆

前号で、「わかりやすく便宜的にラベルをつけるとすれば、『不登校』『引きこもり（10年以上の子も）』『非行（少年院から来る子も）』『発達障害』『親がいない』『進学校崩れ』『スポーツ崩れ』『優等生』『ワガママ』『普通の子』…。入学時の年齢も、15歳で入学する子が3/4程度で、1ダブ2ダブは当たり前。中には30歳の子がいたり。」と、本校に入学してくるのは「さまざまな子」だと紹介させていただきました。

今号ではその子たちがウチでどう変わっていくのか、北星余市で「変わる」とはどういうことかについて、お話しさせていただきます。

しかしそもそも、「変わる」とは何なのか。

これはなかなか難しい問いであるように思います。ただ、ここでお話しする「変わる」というのは、いわゆる「社会に必要とされるように合わせる」「郷にいれば郷に従え」ということではなく、また「変わらなければ価値のない存在である」というような脅迫めいたことではなく、「その子が、本当の意味で楽に生きることができるようになっていくために」という視点でのお話しです。もっと言えば本当は何も子どもに

限ったことではなく、大人だって「途中の存在」であり、ダメなところを抱えているわけで、大人だからという理由で子どもに偉そうに「変われ」と迫れるようなことでもないとも思います。子どもにいろんなことを突きつける時には、大人だって自分に刃を向けながら、えぐられながら、関わっていかねばと、思いながらの話です。

◆「有限」であるということ◆

まず前提として北星余市は全日制普通科の高校ですので、在籍期間に「3年間」という縛りがあります（まれに卒業まで4年5年かかるケースもありますが）。いろんなことに「違和感」を感じる子（人）や疲れた子（人）の居場所として、現在では家だけでなくフリースクール等さまざまな場所があり、そういった場所でも子どもたちは休んだり動いたりしてそれぞれが必要な時間を過ごしていると思いますし、そういった場所を経て北星余市に入学してくる子も多くいます。そういった場所と北星余市では、集まる子や子どもの見方が似ていたりしますが、決定的な違いがこの「有限性」だと思うのです。

有限であるということは「ここを出て行かなくてはいけない」ということであり、

しかもそれが「3年後に出て行かなくてはいけない」ということです。

　子どもたちはウチにいる間はよく（甘えながら）「めんどくさい」とか「厳しい」と文句を言います（それでも卒業生は「北星余市は温室だった」と言うのですが）。いつまでも居ることのできる場所であり、いつでも（一時的にという意味でなく）帰ってくることのできる場所であるのであれば、それで構わないのかもしれません。しかし私がよく在校生に言うのは「あんたらいつまでもここにおるんやったらいいで?」ということです。子どもたちはポカンとします。続けて「（相手の学年によりますが例えば）2年半後にはここにおらへんやろ?　ウチを出たときにやっていける力をつけなあかんねん」ということを話します。

　では「卒業までにつけさせたい力」とは何なのか。私が北星余市でまだいわゆる"若手"だった頃、ちょっと先輩の同僚と飲むことがよくあり、そこでしきりに言われたのが「子どもをどうしたいの?」ということでした。他の教員のやり方や考え方から、あるいは会議での発言から、いわゆる「北星余市の教育」を理解すること、盗むことに必死でしかない私にそんな質問をしてくる先輩を、「意地悪やなぁ」と感じていました。それはつまり自分の中にその答えがなかったからです。「そんな一般化された質問をされても…。ウチにはいろんな子がいて、それぞれに対していろいろ思うわけで…」とグルグル悩んだり。そして「でも、それが自分の中でクリアになっていないうちは、子どもらとの関わりもブレてしまうんだろう」という半人前としての情けなさを痛感していました。

　それに対する答え（というか私の中での指針とでもいいましょうか）が見つからな

いままで最初の担任を持つことになったのですが、突きつけられたその問いは、常に頭のどこかにありました。それこそいろんな子との関わりの中で、だんだんと見つかった私なりの答えは「3年後卒業する時に、入学したときよりも本当の意味で"ラク"に生きていける力をつける」ということです。

　この「本当の意味で"ラク"に生きていく力」とは何かというと…。ヤンキー的な感覚からの脱出であったり、素直に人に弱みを晒せることであったり、自信がなくても挑戦することであったり、理解者を作ることであったり、人を理解することであったり、人に背中を押されなくても動けるようになることであったり、人の指摘を素直に受け入れることであったり…。具体的にあげればキリがないのだけれど、それもどれも、つまりは「本当の意味で"ラク"に生きていく力」をつけるということなんだと、思い至ったのです。

　ただ、それでスッキリするわけではなく、時折この問いがフッと頭に出てきてはまたグルグルと回り出す、という繰り返しなのですが。ちなみにここ数年は「心と頭と体を使える子になってほしい」をテーマに、私の頭の中はとりとめもない思考を続けています。これについて話し出すと長くなるのでまたの機会に。

　人が「変わる」「変わりたい」というこ

とについて考える発端は、「これでは通用しないから」とか「ここが気に入らないから」といった消極的なことが多いかもしれません。けれど、「何のために」という視点を持つことで、自分も、そして支えてくれる周りの人も、「人が変わる」ことに前向きに取り組めるのではないかと思うのです。

◆「変わりたい」の共有◆

北星余市にはさまざまな子が来るということは前述の通りですが、「変わりたい」という気持ちは共通しているのです。子どもの、あるいは人の育ちの中にはもちろん、「休む時期」があっていいと思いますし、必要だとも思っています。ただし「動く時期」も必要であると思うのです。北星余市にたどり着くまでの経験の中で、消極的な理由からであったとしても、「変わりたい」あるいは「変わらないといけないんだよなぁ…」とその子自身が自覚して受験して、ウチにやって来るのです。北星余市に来るということは、その子にとって今が変わるタイミングであるということだと思って、子どもたちを迎え入れます。

北星余市でよく見られる問いかけに「なんで北星余市に来たの？」というものがあります。もちろん、他の学校の入試面接でも聞かれるようなものかもしれません。そしてその場合は「○○の勉強をしたかったから」とか「○○部で活動したかったから」といった答えが多いのではないでしょうか。そして入学後、学校生活の折り目折り目にまたそれが問われるようなことや、あるいは子ども同士でその質問がされるようなことは、少ないのではないでしょうか。

「なんで北星余市に来たの？」。考えてみれば、これを常に（と言ってはオーバーかもしれませんが）問い続けながら、問われ続けながら、高校生活を送るというのはフツーではない気がします。しかし北星余市に来る多くの子は、それが普通なことであるくらいに、「北星余市に来た理由」があるのです。「本当は友達をつくりたくて」とか「人に合わせなくていい自分になりたくて」とか「まっとうな生活が送れるようになりたくて」とか。それまでの経験から生まれた「このままじゃ嫌だ」という、すなわち先述の「変わりたい」という気持ちが、彼らの「北星余市に来た理由」であるのです。そしてそれが「自分だけでない」ということをお互いに確認する中で知り、きっと安心するのです。

「変わりたいと思っている人間の集団」にいることを自覚するということは、基本的な姿勢を前向きにします。足を引っ張り合う集団になりにくいということです。例えば中学生高校生くらいの年齢であれば、「まっとうに頑張ることがかっこ悪い」という感覚を持っていてもフツーです。だけどウチの子は、その対象が勉強であれ部活であれバイトであれ性格であれ何であれ、誰かが頑張っているものを「そんなことやって何になんの？」とか「うわー、あいつ真面目になりだしたー」とかと揶揄するような、バカにするようなことをしません。素直に「最近あいつ頑張ってるよな」と見てくれています。また、もがきながらも前に進もうとしている隣の子の姿を見ることで、自分も踏ん張る勇気をもらったりします。

クラスでもそこはオープンに扱います。誰かが頑張っていることもクラスのみんなに紹介するし、失敗してしまったとき（謹慎に入った時など）もHRで伝えます。それは見せしめではなく、誰もが失敗し得るということや、失敗するのは当たり前である

（あるいは有り得ることである）こと、大事なのはそこで本人が何をどう受け止め、どう進んでいこうとしているのかであり、そのことをみんなに知ってもらうための方法であり、そして周りの子が、それに対して何ができるのかを考えてもらうための方法なのです。

人が1人でやれることなんてたかが知れています。周りの人間の手助けなしにできることなんてわずかです。そこで「人に手伝ってもらっていい」ということも、彼らには知ってほしいと思っています。そのためには「相手を知る」ことが必要になってくる。「クラスにどんな子がいるのか」を知らせるためのきっかけを、担任は作っていくのです。

そして同じく「クラスの子がどう変わっていっているか」ということも知らせていきます。その中で子どもたちは自分以外の子が変わっていく様子に触れ、安心して自分も変わっていいんだということを実感していくのです。

◆ちょっと先に「見本」がある◆

そしてその「変わりたい」という気持ちを肯定させるもう一つの要素に「先輩の存在」があります。先ほど「足を引っ張り合う集団になりにくい」と言いましたが、これにはその「先輩」の果たす役割が非常に

大きいのです。

高校生くらいの歳の子というのは大人の話を聞かなくても普通です。また、自分で決めた覚悟がどっかにいってしまうことも普通です。そんな時に「ちょっと先をいく先輩」の存在がすごくありがたいのです。

北星余市には大小合わせて十数軒の寮下宿があります。在校生の9割ほどがこの寮下宿から学校に通っています。どの子にも個室があり、お風呂とトイレは共有、食堂には毎日決まった時間にご飯があり、お昼はお弁当を持たせてもらいます。いわゆる大学生向けの下宿（寝るところと食事のみを提供するような）とは違い、管理人さんは「おじちゃん、おばちゃん（下宿によっては"パパ""ママ"のところも）」と子どもたちに呼ばれ、生活の中で叱ってくれたり相談に乗ってくれたりと生活全般を見てくれる、いわば「親戚の家にホームステイしている」ような環境なのです。さらに、そこには「先輩」の存在が加わります。

例えば1年生が慣れてきた頃に起きがちなことなのですが、授業中に携帯電話を触っていて授業に参加していなかったとする。当然、授業の先生に注意されます。ところが1年生の最初の頃というのはクラスの子が自分をどう見るか、そしてそれがその後の自分のクラスの中での立ち位置に影響するということが気になって仕方ないわけです。注意されて、悪いのは自分であることも、ここで謝って授業に参加するという切り替えをすべきであることも、本当はわかっている、けれどもそれまでの経験を引きずってしまっていて、「大人」あるいは「先生」に素直にそういうことをすることが（本当はしたいと思っていても）「格好悪いと思われるんじゃないか」と気になってしまうわけです。それで例えば「うるさい」とかと開き直ってしまう。注意とそれに対す

る悪態（北星余市では〝居直り〟と呼びます）が繰り返され、「そういう姿勢では授業に参加させられない。職員室に行きなさい」と、教室から出されてしまうわけです。

そもそも「変わりたい」と思って入学してきているので、職員室に行って個別に担任と話す中で多くの場合は「やってしまった…」と素直に自分の言動を振り返り、次の授業からは気持ちを改めて教室に戻ることになるのですが、まれに「引っ込みがつかない」と感じてしまったり、その後どういう顔をして教室に戻ればいいのかがわからなくて、職員室でも居直って下宿に帰されたりしてしまうことがあります。

そんな時に、その子と同じ下宿の「先輩」である上級生に担任が事情を話すと、その上級生は下宿に帰った時にその子に話をしてくれます。「○○先生（と呼ばずにあだ名で呼ばれることが多いのですが便宜的に）はこうこうこういう思いでお前に突きつけたんだと思うよ」とか「話を聞いたけど、それはお前が謝って行動を変えんとあかんと俺も思うで」と話してくれたり、「なんでそんなことしたん？」「なにが不安なん？」とほぐしてくれたり。

まだまだ1年生の最初のうちは、友達を思う気持ちはあっても、それ以上に「自分が相手からどう思われるか」の不安が勝ってしまい、本当は「さっきの場面はお前が悪い。自分でそこを受け止めて素直に認めて教室に戻ってきてほしい」と伝えたくてもそれができなかったりします。その不安を「先輩」は1年前2年前に乗り越えているわけです。そんな不安は「本当に相手を大事に思うのであれば」かき消されるものであり、そしてそのための言動はしっかり受け入れてもらえるという経験をしてきているからです。

それまで、なあなあな人間関係しか築け

ず、「本当に思っていること」や「本当は相手に伝えたいこと」を表明できずにいた子からしてみれば、こういった「先輩」の「まっとうな関わり」に触れて、「あ、そうやっていいんだ」ということを知るわけです。自分が失敗した時に素直にそれを受け止めていいんだということを知るのです。そういうことは大人からはさんざん聞かされてきたことかもしれません。だけど、「大人の言うこと」は机上の空論で「百歩譲って正しいかもしれないけれどもそれは自分たちの世界のことではない」のです。そして「先輩」というのは「大人」とは別の生き物で、自分と近い（あるいは同じ）世界で生きており、1番重要なのは「自分がその人の話を聞き入れやすい」存在なわけです。そんな「先輩」が、それまで彼らが聞き流してきた「大人」と同じことを自分に言ってくる。あるいは解説をしてくれる。そこで彼らは無理に肩肘張る必要がないことを実感するのです。

なにも失敗した場面に限りません。例えば入学当初の子たちは、見た目やそれまでの経験が似通った者同士でしか仲良くなろうとせず、自分と違った系統の子をお互いに心の中で（あるいは口に出して）バカにすることだってあります。しかし、2年生3年生の様子を見ると明らかに（彼らの言う）異なる系統に属する者同士が対等に話したり笑ったりしているのです。その様子を見て、自分の狭い価値観から、あるいは張ってしまった虚勢から人をカテゴライズすることの無意味さを知ることになったりします。

あるいは行事の時、「学校の行事に真面目に取り組むなんてダサい」と思っている1年生が行事当日に目の当たりにした、「クラスで協力してこその達成感を味わっている先輩」の姿から、「来年は自分たちもあ

あなりたい」とか「来年は自分たちもああなるのかなぁ」とかという思いを抱くようになったり。

「大人（ましてや"先生"）なんて」と思っていたのに、リラックスして仲良さげに職員室で「先生」と団欒している先輩の姿を見たり。困って自分たちではどうにもできないことを安心して「先生」に相談している先輩の姿を見たり。受け入れ難くても「先生」から突きつけられた自分の課題に真摯に向き合う先輩の姿を見たり。そんな姿を自然と目にするうちに、彼らは大人への不必要な警戒心を解いていくのです。

ぜひとも、北星余市の職員室で「高校生」が「先生」と打ち解けて話している様子を見ていただきたいと思います。

◆誰も自分を知らないということ、地元を離れるということ◆

そして「誰も自分を知らないということ」がここ北星余市ではうまく機能しているのです。もちろん地元余市町の子も入学していますが、多くは北海道内であっても通学不可能な距離の町や本州からやって来る子にとって、わざわざ北海道の余市に来るというのは「＝誰も今までの自分を知らない場所に行く」ということです。このことは、子どもによっては不安要素にしかならないことかもしれません。しかし多くの子は、地元でつまずいたり居心地の悪さを感じたりして北星余市に来るのです。

不登校や非行をしていると、近所から「あの子は学校に行ってない」「あの子は悪い子だ」という見られ方が定着してしまい、「明日から学校に行こう」「高校生になったら学校に通おう」と思っても、周りの目が気になって結局動き出せなかったり、「悪いことをするのはもうやめよう」と思って

も悪いことで繋がった人間関係しかなければそれを切る孤独に耐えられなかったり、気持ちが揺らいだ時にそこに逃げてしまったりするわけです。

そういう思いをした子にとっては、「それまでの自分を知っている人がいない」環境は、かえって気楽であったりします。これから自分がどんなスタートを切るとしても、こびりついた自分の「見られ方」を気にする必要がありません。あるいは揺らぎそうになった時に同じ間違いをしなくていいという安心感があるのです。

また近所からの目だけでなく、親子関係や家族関係から物理的な距離を置ける、ということもうまく機能しています。短くて15年、長ければ20数年をかけて一度築いてしまったその関係は、他人が入って何とかしようとしても、生活する場が変わらない限りなかなか難しいようです。

これは、誰が悪いとか愛情や思いがないとかいうことではなく、ただ難しいことである、というだけのことです。そしてただ残念なことに、ここから脱出できない間にどんどん事態がこじれていくことがあるのです。

親子の上下関係が固定化してしまい、お金の要求も含め子どもの言うことをそのまま聞き入れてしまう関係や、このままじゃいけないと思いつつもどうしていいかわからなくなってしまっている関係。しかも周りにどんな協力者がいるのかがわからないために家庭の中で行き詰まって、それが長期化する。…こうしたことは誰にとっても幸せではなかったりします。

そんな時に「物理的に距離をおく」ということは、客観的にそれまでの親子関係・家族関係を冷静に見つめ直すことができたり、お互いのありがたさに気づくことができたりするチャンスでもあるのです。もち

ろん、一度距離をおけば次に帰省する時には完全に解決されるといった問題ではないでしょう。解決されたと思ってもまた元の状態に戻ったり、一時的には悪化してこじれたり、ということだってあります。しかし長い目で見ると解決されることが多い、ということなのです。

◆失敗が許される◆

何らかの決意を持って北星余市に入学しても、そこで魔法にかかるわけではもちろんありません。入学式の翌日から始まるのは「普通の何もない日常」です。「どうしたらいいのか」がわからない子どもたちはそんな日常の中で、当然、それまでに得たやり方でなんとか生き抜こうとします。その中には「間違ってるとわかってるけど」というものもあります。ダメだとわかっているけど、あるいは本当はしたくないけど、周りに流されてしまうこと。自分のポジションを上に置きたいがためにやってしまうこと。自分の弱点に向き合う勇気がなくて目を伏せてしまうこと。そういう「失敗」が許される環境が子どもたちに必要なのではないかと思います。

大人になってしまうと、一度の失敗で職を失ったり、挽回できない状況に陥ったり。けれども人間は失敗をします（私もしょっちゅうします）。それを「許さない」とするだけでなく、「なぜしてしまったか」を掘り下げて考え、「繰り返さないために」を考えることが必要なのではないかと。そしてそれはもちろん1人でやらなくていい、一緒に考えてくれる人がいた方がいいと。

もちろん北星余市にだって「謹慎処分」というものがありますが、これは「停学」ではなく「許された」上での「謹慎」のための期間なのです（この「謹慎」についてはまたの号で紹介させていただきます）。

私が尊敬し多大な影響を受けた先輩教員に教えてもらった1番大事なことの1つに、「現象で物事を見るな。実態、本質と掘り下げて物事を見、理解しろ」ということがあります。簡単に言うと「何でそうなったか」を考え、そこで出た答えに対してさらに「何でそうなったか」を考える。「何で、何で」ということを常に考える、ということです。それには最後の答えというものがなかったりします。

それが途中段階の答えだったとしても、そこにどんなアプローチをするのか、ということが、子どもが変わるということにとって、人間が変わるということにとって、大事なのだと思っています。

【ほんま りょうこ：北星余市高等学校教師】

＜問い合わせ＞
北星学園余市高等学校　本間涼子
　電話：0135-23-2165
　〒046-0003 北海道余市郡余市町黒川町
　19丁目2-1
　http://www.hokusei-y-h.ed.jp

私の体験 ⑳

ギャンブル依存の息子と

やすこ（新潟県）

＊私と家族の関係

　私の息子はギャンブル依存症です。始めに、その息子がどういった環境で育ったのか、そして、息子の環境の１つである私自身の生き様ついても、一緒にお伝えしたいと思います。

　私は22歳で息子を出産しています。息子がまだ生後半年くらいの時に前夫と別居し、離婚に至っています。ですから、息子は全く父親のことを覚えていません。なぜ私はそんなにすぐに破綻するような結婚を選んだか。それは、両親の元をただただ離れたかったからです。その時の私には、それしか方法がなかったのです。ですが、結局あんなに嫌った両親の元へ、私は息子を連れて戻ったのです。

　両親は初孫ということもあり息子を溺愛していました。両親からの愛情を感じることなく育った私は、息子には同じ思いをさせないと心の中で誓っていました。しかし、息子が歩くようになり、おしゃべりす

るようになり、だんだん成長するにつれ、微笑みかけることも抱きしめてあげることもできなくなってしまいました。これでは同じことを繰り返してしまうと恐れる気持ちがあったにも関わらず、どうしても息子に愛情を表現することができなくなってしまいました。

＊変わっていく息子

　小学生の頃の息子は、周りの大人から可愛がられる、子どもらしい子どもであったと思います。実は息子が小学５年の時に、私は未婚で娘を産んでいます。そして、その２年後には現在の夫と付き合い、同棲をしています。これが、後先考えず突っ走ってしまうという私の特性の１つの表れでもあります。

　息子は中学に入ると、あっという間に様子が変わってしまいました。まともに学校へは行かず、髪を染め煙草を吸い、乱暴な態度をとるようになっていきました。だんだんと私に対する暴力がエスカレートし、恐怖と同時に、事件になったら大変なことになると悩みました。次に暴力を振るったら警察に連絡すると伝え、実際に警察官が来たことがあります。すると、その日から私に暴力を振るうことはなくなり、握り拳をつくり必死に堪えるようになりました。

　この頃のことを振り返ると、やりきれない気持ちでいっぱいになってしまいます。息子の心の声に耳を傾けることもなく、厳しい目、冷たい目で息子を監視し、小言を言っていたと思います。大人は周囲に言い訳をすることも取り繕うこともできますが、子どもにはそんな言い訳の機会は与えられませんし、取り繕うこともできません。私が小さい頃から苦しんできた思いを、結局、

味わわせてしまったのです。

　高校へは入ったものの、間もなく登校しなくなり、退学することになりました。高校中退後は飲食店などで働いていましたが、何かとトラブルが絶えず不安定な生活を送っていました。いつもパチンコ店が閉店する頃に、煙草の臭いをプンプンさせ帰ってくるため、漠然と不安を感じ、ある時、パチンコはハマるから止めた方がいいと伝えたことを覚えています。

＊始まったお金の問題

　それから、それほど長い月日が経たないうちに、恐ろしい事が次々と起こるようになりました。「財布を落とした」、「お金を盗まれた」と言ってはお金をせがまれ、家庭内窃盗も頻繁に起こりました。近くに住む祖父母の所へ行っては金の無心をし、断られるようになると現金や通帳、祖母の貴金属を持ち出しました。私は、お風呂に入る時も寝る時も、財布を肌身離さず身に着けるようになりました。そして、たくさんの嘘もつかれました。

　このような全く安心できない生活に限界を感じ、息子にアパートでの１人暮らしを提案しました。私は、この頃から何となく依存症ではないかを疑うようになり、回復施設についても調べたりしていたものの、結局、どこにも相談に行くことがないまま、

お金の管理をし、借金の尻拭いをしていました。今思えば、やってはいけないことを散々やっていました。

　ギャンブルへののめり込みが一層ひどくなると、たくさんいた息子の友人や知人が離れていってしまいました。部屋に引きこもり、「死にたい」などと訴えるようにもなりました。この頃、私はようやく依存症であることを確信し、地元を離れる事を勧めました。家庭内窃盗や誰かに無心をすればお金が手に入ってしまう地元では、「底つき」はできないのではないかと考えたからです。

　地元に居場所をなくした息子は、やっと上京する決断をしました。これが３年前の７月のことです。見つけてきた就職先は、アットホームで居心地の良さそうな飲食店でした。引越しにはお店のスタッフの方が手伝いにきてくださり、夕食は家族でお店に招待していただきました。息子の現状を忘れ、ここなら変われるのではないかと思いました。しかし、こういったアットホームな関係が、後に私たち親が困ることになるのです。

　変われるかもしれないと期待し、錯覚したものの、上京してからもなにも変わらず、頻繁に金の無心が続きました。私は怒りながらも結局は送金していました。これをやっていてはいけないと分かっていたので、この事を主人には隠していました。意識しているのか無意識なのか、まるで金を引き出すプロのように、どうしても出さないわけにはいかない口実や脅し文句を使ってくるのです。

＊売り上げを持ち出した、と

　このような生活がうまくいくわけもなく、

上京して半年過ぎたころの2月に、勤務先の社長から連絡が入りました。お店の売り上げを持ち逃げしたとのことでした。連絡をいただいた翌日に上京し、お店からの説明を受けました。私たちが上京した1番の目的は、「被害届を出していただきたい」とお願いするためでした。しかし、一緒に働いた仲間としてそれはできないと断られ、売上金の他にも同僚への借金などを支払い、お店を後にしました。

　もちろん自分の息子が悪いのですが、この頃は、回復施設に繋げたいという強い思いをもっていたため、お店にそのことが理解してもらえず、残念でなりませんでした。とりあえず最寄りの警察署に捜索願を出したところ、翌朝、警察から連絡が入りました。ネットカフェの代金が払えず通報されたので、迎えに来てほしいとのことでした。売上金を持ち逃げしてからわずか3日後のことです。

　警察の方にも被害届をお願いしましたが断られてしまい、しぶしぶ迎えに行きました。その翌日には、少し前から相談をしていた関東にある依存症の回復施設に入所することができました。しかし翌日から応答もなく部屋から出て来ないということで、そこも退所となってしまいました。

　迎えに行く道中は、もしや自殺をしているのではないかと居ても立っても居られない思いでした。施設に到着し息子が生きていることが分かり、ホッとした半面、またこれから同じことが繰り返されると思うと、逃げ出したい気持ちでした。

＊入院、そしてつながった自助組織

　これからどうしたらいいのか途方にくれましたが、依存症治療の専門病院に入院

させることにしました。3ヵ月の入院治療だけで回復するとは考えていませんでしたが、息子の入院中に、次に起こりそうな事を想定し、作戦を練る時間にしようと考えました。そして、この間に現在息子が繋がっている施設に相談に行き、ギャンブル依存症の家族が通う自助グループに繋がったのです。

　施設の方からは、病院の退院後すぐの入所を勧められました。しかし、もう一度社会に出て自分を試してみたいと言う息子の願いを了承することにしました。そういう思いで入所しても、前回と同じように引きこもるか逃げ出すかになると思ったからです。

　前回の経験を生かし就職先については意見せず、トランク1つで上京し、勤務先との接触は一切しないように努めました。息子には、何かあったら施設を頼ることを伝え、次に同じことを起こしたら入所する約束をし、送り出しました。

　しかし、またもや上京後すぐに金の無心が始まり、1ヵ月程で前回と同じことの繰り返しになりました。お店からお金を持ち逃げしたという連絡が入ったときには、"施設に繋げるチャンスが来た！"と不謹慎にも思ってしまいました。今度のお店は、あっさりと被害届を出してくださいました。

＊拘置所に出した決意の手紙

　最寄りの警察署からは、「しばらくは見つからないと思います」と言われましたが、私は前回と同様、すぐにお金を使い果たして連絡が来ると思っていました。やはり翌日にはお金を使い果たし連絡が来ました。自分1人では出頭することができず、回復施設の人に付き添ってもらい、逮捕となり

ました。

　間もなくして弁護士さんから連絡がありました。親は被害弁償はしないことを伝え、病院で治療したいという本人の要望を断りました。そして、回復施設の人の勧めで、そこからは息子との直接的な関わりを断つことにしました。拘置所に入った息子に、「回復するまではあなたとの関わりを断つ」という決意の手紙を書きました。そう伝えても、息子からは返事がきました。その手紙には、もう返事はかけないのです。胸が締め付けられる思いで、その手紙を読みました。

　そうこうしているうちに３ヵ月が過ぎ判決が下され、息子は依存症の回復施設に入所することになりました。

　施設に繋がれば回復できると信じていたものの、今までの息子の行いを考えると不安は大きく、悪い知らせがくるのではと、携帯電話の着信にいつもビクビクしていました。ですが、入所してから２年以上が過ぎ、息子は今、回復に向かっています。

＊仲間の支えなしには……

　家族だけで解決しようとしていたら、今のような状況は絶対に訪れなかったでしょう。私が与えることができなかった居場所を、息子は今の施設で見つけてくれました。

　私は今現在も両親に対する思いを、うまく処理できずにいます。息子の依存症の原因を、私をこんな人間にした両親の責任にしていた時期もありました。しかし、今は誰が悪いということではなく、私には生きづらさがあり、息子にも生きづらさが連鎖してしまった。そして両親にも生きづらさがあるのだろうと思えるようになりました。

　乱暴な表現かもしれませんが、息子が依存症になってくれ良かったと実感しています。もちろん、息子が回復に向かっていなければこんな事は考えられなかったと思います。息子が依存症になったことから、自分の問題に向き合い、健康的な考え方を学ぶ機会を得ることができました。そして、徐々に家族関係を回復させることができ、とても感謝しています。

　依存症になってしまった内面と向き合い続けている息子の思いは、計り知れませんが、もしかしたら彼も同じ事を感じているのではと思っています。

　それでも、日々、こんなにうまくいくわけがない、また同じことが起こるのではないか、と不安が頭をよぎります。そんな時、私にとって自助グループの仲間が大切な存在になっています。息子のギャンブルをやめさせるためにと通いはじめた自助グループですが、今は全く違い、私は自分のために通っています。

　依存症は完治のない病気です。しかし、息子にも多くの仲間がいて、その仲間が支えてくれることになるでしょう。初めは、物理的にも心理的にも距離がある息子との関係に淋しさを感じましたが、今はその距離感を大切にしていきたいと思っています。

【やすこ：新潟県在住。ギャマノンに参加。「非行」と向き合う親たちの会（あめあがりの会）会員】

受け子役の詐欺事件

―私の少年事件簿から―
3

小笠原 彩子（弁護士）

最寄駅から幹線道路を歩いて約5分のところにＰ警察はある。

私はご両親から、オレオレ（特殊）詐欺容疑で勾留されているＡ君の付添人の依頼を受け面会に来た。Ａ君は19歳7ヵ月、今回の逮捕勾留が初めてである。

少年法は、家裁が処分（審判）をする時、少年が20歳に達していないことを要件としている。そのため家裁は20歳までおおよそ1ヵ月以内の事件を、"年齢切迫事件"と称して、審判を20歳にならないうちに開くように努力している。また20歳に近いほど、裁判官が、少年事件としての扱いをやめ、逆送決定（おとなと同じ刑事裁判手続きにするために、検察官に事件を返す決定）をする可能性も高まる。

「20歳に近いＡ君の事件が逆送されないようにしないと……」などと考えながらＰ警察に向かった。

面会に現れたＡ君は、しっかりした体格の上、話し方もしっかりしており、立派なおとな（成人のよう）に見える。

私は、ご両親の依頼で面会に来たこと、弁護人・付添人になろうとして、Ａ君の意思を確認に来ていることを説明した。Ａ君は、「自分に弁護士はいらない」と直ちに迷いなく拒否し、「警察にはこれまで事件の内容を話していないし、今後も話すつもりもない」とのこと、つまり事件については黙秘しているとのことである。

少年自身が明らかに弁護人・付添人を不要としている時に、ご両親だけの意向で活動しても意味がないので、ここは潔く"撤退しよう"と判断した。しあkし、弁護士接見だから少し今後の事件の見通しを話して帰りたいと言うと、Ａ君は「わかりました」と答えた。そこで、捜査の見通しや君が黙秘しているから10日勾留は更に10日の更新をされるだろうこと、その後、鑑別所に4週間は拘束される状態が続くこと、特殊詐欺行為には厳罰を求める社会の風潮があること、黙秘は反省していないと取られること、そうなると成人に近い年齢だから、家裁が逆送と判断する危険もあること、初めての逮捕・勾留といえども今後の見通しは厳しい、などの話をした。

同時に、「君の判断に従い、今日の面会は終了する」ことを告げ、荷物を片付け始めた。しかしひょっとして……と思い、「逮捕後、私ではない弁護士が君に面会に来ているのではないかな。その弁護士が、知っていることを話すな、逮捕・勾留が初めてだから、認めなければ"すぐ出られる"と言って帰ったのではないかな。私は、そのようにはならないと思うけど……。君が誰を信用するかだよね。私の名刺だけは預けておくから、もし私が必要だったら、面会の要請を留置係に頼むように」と話して面会を終了した。

※　　　※

私は、これ以前に担当したオレオレ事件の

44

際に、組織の中核から離脱した人が書いた本を読んでいた。

それによると、この組織の中心は、ヤクザやその組織周辺にいる闇金融の取り立て業などから流れてきた人間が関係していること、事務所や電話の設置などの手配役、電話をかける名簿の購入役、この名簿は過去に霊感商法などの被害にあった騙されやすい人や電話での勧誘で物品を購入したことのある人の名簿などさまざまである。詐欺ストーリを考える役、電話をかける役、電話内容（騙し方による）から必要となる上司・病院の職員・刑事・○○官庁の職員などの役、被害者から現金を受け取り、あるいは銀行の ATM からの引き出しなどをする受け子を集める役、受け子役に連絡する役、受け子役、受け子から金を回収する役など細分化し、かつ各役を担当する者は、その直近の役の者としか連絡が取れない状態で進行すること、逮捕者が出るなど捜査官に事務所の所在地が知られそうなときには直ちに撤去すること、逮捕者に口を割らないように接見する弁護士を確保することなど、組織的な動きの中で成立している犯罪であることを知った。

また詐欺グループの中枢では、債権取り立て業の時は、金のない人間から取り立てるという後ろめたさがあったが、オレオレは金を持っている人間から取るので後ろめたさがない、と書いてあった。

そのため、A 君が黙秘していると言った際、もしかしたら、すでに組織の弁護士が面会に来ているのではないか、との疑いを持ったのである。

2、3 日後、P 警察署から A 君が私との面会を希望している旨の連絡が入った。私はすぐに面会に行った。A 君によると、やはり逮捕の直後に弁護士が面会に来て、「刑事にはなにも話すな、初めての逮捕ですぐ出られるから」などと告げ、弁護人になるという話もなく帰って行ったとのこと。しかし拘留が延長になり、この弁護士の話を信用できないと判断したこと。そして A 君はすでに刑事に犯行内容を話し、私に弁護人・付添人になってほしいということであった。

　　　　※　　　　※

事件は、被害者の甥が会社での不祥事から損害賠償を求められている。弁護士が示談をまとめてくれたが、示談金が不足しているから援助してほしい。明日までに 300 万円を用意してほしい。そして翌日になって、急に体調が悪くなり病院にいるので、示談金を受け取りに行けなくなった。弁護士事務所の所員の長瀬さんが訪ねるので渡してほしい、との筋書きである。

被害者は、夜この電話のことを息子に話し、息子から詐欺ではないかと言われ、甥っ子に確認の電話をしたところ嘘とわかり、警察に連絡した。

翌日、長瀬と称して受け取りに行った A 君に、見せ金 300 万円の包みを渡したところを警察官が逮捕したというものであった。A 君はこの事件の直前に別の受け子役として 200 万円を受け取り、回収役に渡していた。

この詐欺未遂と詐欺事件で、A 君は家裁に送致され鑑別所に移った。付添人としては、A 君が捜査にも協力していることから、逆送事件ではないことをまず主張した。家裁の調査官は、否認して送られてきたならば、裁判官は逆送も考える事案ですねと言った。

2 週間が経つ頃、A 君は別件の同種詐欺罪で再逮捕され、P 警察に戻った。拘留 10 日の中で、さらに 300 万円と 150 万円の事件があることが分かった。捜査は、Suica（スイカ）やパスモと携帯電話の履歴を中心に、被害

届の存在から犯行を発見し、被害者に複数枚の写真を見せて、受け子の A 君を特定していた。

2 週間後、A 君はこの 2 件の詐欺事件で、再度家裁に送致され再び鑑別所に移動した。

※　　　※

A 君は、以前の職場が塗装関係のブラックな会社で、ここでかなりの暴力的な扱いを受けて逃げ出したものの、仕事もせずぶらぶらしていた。この頃、逮捕はされなかったが、暴行事件や恐喝まがいの行為など生活は荒れ、入れ墨もしていた。会社をやっている先輩の声掛けで、別の塗装関係の会社に就職するも、たまたま現場で一緒に働いていた人から、背広を着てやる仕事に変わらないかと言われ、承諾した。連絡役から電話をもらい、その指示で動いていた。

背広を着て革靴を履き、関東一円の指示される場所に行き、かなりの時間を付近で待たされたあげく、今日はここでは仕事がないという場合もある。再度都心に戻り、指示された場所で再度待つということの繰り返しの中で、いくつかは仕事となり、受け渡しに立ち会った。しかし受け取ると直後に回収役が現れすべてを持っていく。お金は自分の前を素通りしていく。何百万円の詐欺罪と言われても実感がわかない、との話である。

A 君が手にした報酬は、交通費分の数万円と、報酬数万円程度であった。この程度の金しか取得していなくても、そしてこの金を手にして利益を受けている人が別にいることが明らかでも、A 君に課せられる被害弁償金は、加担した事件の被害金 650 万円全額である。

A 君は、自分が受け取った数万円を被害者に弁償しなければならないことは、すぐに理解できるが、被害金全額を弁償する義務があるといわれても、容易に納得できないようだった。

また、被害者に面談して、あるいは防犯カメラのある ATM に顔をさらして金を受け取るという受け子役は、一連の役割の中で最も危険な仕事である。しかも受け子のほとんどが未成年者で、「短い時間で、きれいな仕事で、すぐ金になる」などとそそのかされて加担している。

この手の詐欺事件の一連の流れの中では、詐欺グループにいいように使われている末端の"被害少年"ともいえる。私も、犯罪は共犯者として処罰されるとしても、全額弁償義務については、釈然としない思いが拭えない。

幸いにしてこの時は、少年が被害者にお詫び状を書き、親が負担できる数万円ずつのお詫び金を支払った。被害者の 1 人からは、あきらめていたから数万円でもお詫び金が入って嬉しい、との気持ちが寄せられた。今日までそれ以上の請求はない。

※　　　※　　　※

審判は 19 歳 11 か月で開かれた。

裁判官や調査官から、この事件だけではなく事件以前の生活の乱れについて厳しく指摘され、A 君は少年院送致決定になった。しかし A 少年は少しも動揺せず、その直後に面会した私に、「やり直してきます」と述べた。その後、少年院で心温まる成人式を迎えたことを、ご両親から知らされた。

【おがさはら さいこ：弁護士、東京弁護士会所属、非行克服支援センター理事長】

「非行」と向き合う全国ネットのページ

「非行」と向き合う全国ネットは、全国各地の親の会やNPOなどの連絡会です。

◆ 青森に、「親の会」が誕生！

2018年9月15日に、青森市で、全国ネット主催の公開学習会が開かれました。集会は、「青森には、非行に関する親の会ないため、当事者の思いを直接聞いた人はあまりいません。悩んでいる人には、仲間がいることを伝えたい」という青森在住の佐々木さんの強い思いによって実現しました。

集会では、全国ネット副代表で、「非行」と向き合う親たちの会（あめあがりの会）代表の春野すみれさんが「みんな悩んで親になる」と題して、我が子の非行・不登校と向き合った体験と親の会の活動について話し、その後5つの分散会で参加者が語り合いました。

後日、その参加者によって、青森に初めての親の会「どしてら」が誕生しました。「どしてら」は青森弁で「どうしてる？」の意味。

悩んでいる人たちが安心できる居場所にしたいと佐々木さん。みんなで応援していきましょう。

◆ ははこぐさの会（福岡「非行」と向き合う親たちの会）が、知事賞を受賞！

福岡県は、2019年1月25日、非行などの問題を抱える青少年の立ち直り支援に功績がある企業や団体を表彰する「福岡県非行等からの立ち直り支援功労団体知事表彰」を行い、4団体を表彰。その中に、親の会である「ははこぐさの会」が選ばれました。

能登原さんと小川洋知事

表彰理由は、「子どもの接し方への気づきを促すことで、保護者を支え、保護者を通じた非行少年立ち直りを後押ししている。保護者に寄り添った地道な取り組みは他に例がない」というもの。4団体を代表して挨拶を述べたははこぐさの会の代表・能登原裕子さんは、「息子の非行歴や親たちの会の活動を話し、悩んでいる保護者の気持ちに寄り添い、共感できる完成を持ち続けられる限り、会を続けたい」と結びました。

16年目を迎えた、ははこぐさの会の受賞をともに喜びあいましょう。

◆ 少年院出院者の全国ネットワーク「セカンドチャンス！」が創立 10 周年記念シンポジウムの開催と、体験記『あの頃、ボクらは少年院にいた』を刊行。

　2019 年 2 月 23 日、東京都千代田区のＹＭＣＡホテル国際ホールで、セカンドチャンス！10 周年記念シンポジウム「仲間がいる大切さ、10 年の歩みとこれから」が開かれ、125 人が参加しました。

　開会の挨拶で、才門辰史理事長は、自身の体験を振り返りながら、「セカンドチャンス！は、少年院出院者が犯罪をやめてまっとうに行きたいと願ったとき、孤独になるのではなく、むしろ全国に仲間がどんどん増えていく社会にしたい」と語りました。

　3 人の若いメンバーが、自身のライフストーリーを語り、参加者から大きな拍手をあびました。そして、各地で行っている交流会の様子を、それぞれの代表が語り合いました。大阪では、浪速少年院の在院性に向けたセカンドチャンス！メンバーとの交流について、成果や課題も伝えられました。

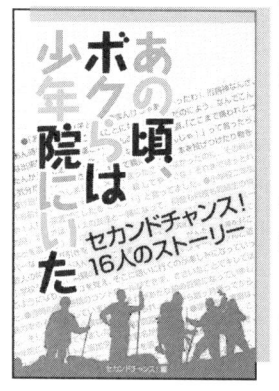

　大学教員の津富宏氏が呼び掛け、設立から 2 年後には、全理事を出院者で務めるように名実ともに自助組織に発展してきたセカンドチャンス！　閉会の挨拶では、サポーターメンバーの代表として林和治氏が、みんなで話し合い、合意と納得でここまで積み上げてきた経緯を報告しました。閉会後には参加者が、ジュースとお菓子で語り合う懇親会が準備され、最後まで和気あいあいとした雰囲気でした。

　また、この日、セカンドチャンス！刊行の書籍第 2 弾となる『あの頃、ボクらは少年院にいた』の本が紹介されました。

（本体価格　1500 円）

◆ 群馬・からっ風の会　公開学習会を開催
児童虐待から考える－社会は家族に何を強いてきたか－

　2018 年 11 月 3 日、群馬にある親の会「空っ風の会」は、ルポライターの杉山 春さんを講師に学習会を開催しました。東京目黒区で亡くなった児童の反省文が公表されて、その実態がリアルに報道されましたし、その後も多くの虐待事件が相次いでいます。

　主催した会の代表、内山平蔵さんは、「今回の学習会では単に虐待防止を目的として行うのではなく、加害者となった親にどのような背景があったのか、杉山さんが取材を通して知り得た事実を基に、虐待やネグレクトの事件は特別な親が起こした事件ではないということを、会員や学習会に参加をした方と共有したい」との思いから、そして、
「スローガンも大事ですが、スローガンを掲げて終わりにするのではなく、親が抱え込む様々な不安や悩みに対し、『助けて』が言える社会に。『助けて』や『困った』を言って良いし、困った時はお互い様という人のつながりがある安心できる居場所。からっ風の会もそんな居場所のひとつになりたいなと思った」と語りました。

◆ あめあがり合唱団　大ステージで熱唱！
「新宿区 音楽・コーラスの集い」に参加

　あめあがりの会と非行克服支援センターは同じ、新宿百人町の事務所で活動しています。2018年11月3日、新宿区と新宿文化センターの共催で開かれた、「新宿区音楽・コーラスの集い」に、あめあがりの会の「あめあがり合唱団」が出演し、歌を披露してきました。

　あめあがり合唱団は、いろいろ大変なことがあるけれど、下ばかり向いていないで、前を向いて元気に生きていきましょう、と 17 年前に誕生しました。この日は、連休中のため、、指揮者とピアニストと合唱隊併せて 10 人という小集団での演奏でしたが、次のような感想が届きました。

　「さまざまな経験をしたお父さん、お母さんが苦労話を合間に挟んで歌われました。この

ようなグループがあるなんて知りませんでした。子育ては大変ですよね」

「感動しました。涙が出ました。ドラマを見ている感じでした」

「人生の歩みが見えるような感動的な歌でした。ハートがつながった模様のセーターがきれいで、皆さん似合っていました。これからもステキな歌を歌い続けてください」

　メンバーの一人は、「またひとつ宝物がふえました」と語りました。

音楽・コーラスのつどい　平成30年度 新宿区生涯学習フェスティバル

あめあがりの会を研究した本 『語りが生まれ、拡がるところ』刊行

語りが生まれ、拡がるところ
——「非行」と向き合う親たちのセルフヘルプ・グループの実践と機能——

　「非行」と向き合う親たちの会（あめあがりの会）に 7 年以上通い続けてきた著者、北村篤司氏が、例会を中心としたこの会での「語りの意味」を独自の視点で分析した書籍『語りが生まれ、拡がるところ』が発行されました。

　東大大学院在学中から欠かさず例会に参加し、親の声を聴き、その変化を見て、自助グループの実像に切り込みます。この論文を書いている間に、学生から臨床家となり、生活保護家庭の中学生の学支援活動やクールカウンセラー、非行克服支援センター理事としても活動。現在は大学の専任講師に。こうした著者自身の変化の中で気持ちが変化していく様子も垣間見えることは本書の特徴でしょう。

　ぜひご一読ください。　　　　　　　　北村篤司　著　　　新科学出版社　本体価格 2000 円

# 非行克服支援センターより

■ 「家族支援」のための調査研究を開始しました。

　非行克服支援センターでは、キリン福祉財団の助成を受けて、3 年をかけて、子どもの非行などに悩む家族支援に関する調査研究を行っています。すでに親からのアンケートも集約が進んでいます。今後、インタビューを行い、2020 年度には分析内容をまとめて発表する予定です。

　途中経過を報告する機会もあるかと思います。皆さまのご協力をお願いいたします。

■埼玉県より委託された「青少年立ち直り体験交流会」30 年度第 3 回が終了

　埼玉県より委託された「青少年立ち直り体験交流会」の 30 年度事業の第 3 回目は、2019 年 1 月 26 日、さいたま市にて、『私たちの物語（ストーリー）― 今、振り返って語る―』のタイトルで、3 人の体験談とパネルディスカッションが行われました。

　家族への不満やまじめにやっても叱られる学校生活に嫌気がさして家出、非行をして少年院に入った経験を持つ藤本裕さんは、当時は居場所がなかったと振

り返り、今の自分には、音楽という夢がある、と自信が作詞作曲した「セカンドチャンス！」という歌を披露して拍手を浴びました。

　また、現在は看護師をしている石原さんは、かつての薬物や夜の世界に身を置いた経緯と、そこから脱却するまで、そして、自分にできることをしていきたいと看護師になった現在を赤裸々に語ってくれました。

　最後に、現在 22 歳と 17 歳のお子さんの母親、折笠さんは、長男がが思いもかけず非行に走ったときの衝撃、そして元に戻したいと必死だった日々と、自助組織であるあめあがりの会にインターネットを通じてたどり着き、仲間の中で親子関係が変わってきたと話されました。

　次年度も、この事業は引き続き行われる予定です。

■新宿区委託事業「連続講座 思春期の子どもと向きう」30 年度事業が終了。

　30 年度の連続講座は、9 月から半年間、5 つのコースで 100 人の方々が学びあいました。最終回は 2 月 9 日に、新宿区立戸塚地域センターを会場に、シンポジウムが行われました。

シンポジストは、心療内科医の高橋えみ子さん、元家裁調査官の伊藤由紀夫さん、お子さんの不登校を経験された平井幸子さん。吉住健一新宿区長も、3人のお話に聞き入っていました。

　感想からいくつかご紹介します。

「親になって初めてシンポジウムに参加しました。パネリストの方々のお話、受講生の方々のお話、どれも染みました。高橋さんの親と子の対等性、子どもに寄り添う、子どもが発してくるものに合わせるアンテナを持つこと、などなど、どれも心にとめて過ごしていきたいと思いました」

「子育てに関する"正論"のようなものはたくさんありますが、今日のシンポジウムのように、『〜すべき』『〜しなくてはならない』からの解放が大切だと言ってもらえると、本当にホットします」

「子どもと肯定的に接することが大切だとわかり、今後も継続していこうと思いました。また、親の望み通りにならないことは、多々あり、子どもに寄り添い、子どものやりたいことをうまくサポートしていきたい。自分のことも、たまにはうまくやっているよ！　とほめてもいいかもと思えた会でした」

　次年度もこの事業は、引き続き行われる予定です。

■NPO法人　非行克服支援センターへのご入会を

非行克服支援センターは、正会員・賛助会員を募集しています。

　会員になると

　　①『ざ　ゆーす』を無料でお届けします。

　　②学習会や講座参加費が割引になります。

　　③子どもをめぐる諸問題やさまざまな情報が届きます。

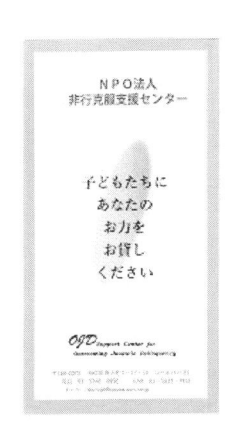

　　　　　　会費　正会員　個人　年10,000円

　　　　　　　　　　　　　団体　年100,000円

　　　　　　　　　賛助会員　個人　年10,000円

　　　　　　　　　　　　　団体　年100,000円

※子どもたちの明るい未来のために、ぜひ、皆様のお力をお貸しください。

パンフレット・入会申込書をご入用の方は、非行克服支援センターまでご連絡ください。

また、寄付金は常時受け付けております。

　　振込先　口座番号　00170−5−628371

　　　　　口座名　　　NPO法人　非行克服支援センター

■ 『ざ ゆーす』読書会のお知らせ

日時：2019年4月25日（木）　午後6時から
会場：エデュカス東京　5階A会議室（東京都千代田区二番町12-1）
　第19号を中心に、参加者それぞれの感想や意見を出し合いましょう。
　お気軽においでください。多くのみなさまのご参加をお待ちします。

●各地で読書会を開きませんか。

非行克服支援センター役員の派遣を希望される場合は、右の内容をお知らせください。

読書会の名称	
日時	
会場	
責任者名	
責任者連絡先	
参加予定人数	
『ざゆーす』何号のどの論文を中心に話し合うか。(予定)	

次号のお知らせ

第19号　2019年　7月予定

【特集】
「家族」を考える

・私の体験…親として、子として

・連載　　私の少年事件簿から

・連載　　北星余市の教育

　　　　　　　　　ほか

ざ ゆーす バックナンバー

第18号 2018年9月刊行　特集　「虐待」への支援　　　　　　　　◆在庫あり

杉山春(ルポライター)／野田美穂子(弁護士)／坂本博之(当事者・ボクサー)

新連載　北の国の学校から　北星余市高校

私の体験　始める、そして諦めない(当事者)

非行克服支援センターから

第17号 2017年9月刊行　特集　「性」と「人権」　　　　　　　　◆在庫あり

山下敏雅(弁護士)／丸山慶喜(元高校教師)／あつみめぐみ(当事者)／ゆか(当事者)

思春期の「矛盾」と親子の葛藤　香山リカ

新連載　私の少年事件簿から　小笠原彩子

私の体験　妻亡きあとに2人のヤンチャ息子と(父親)

第16号 16年9月刊行　特集　薬物依存、回復の現場から　　　　　◆在庫あり

伊波真理雄(精神科医)／進藤俊明(板橋ダルク施設長)／山崎貴也(当事者)

連載3　思春期の発達課題と支援　田中康雄

私の体験　息子は私に、人生を考えるチャンスをくれた(母親)

少年法　適用年齢の引き下げ――当事者の声

第15号 15年10月刊行　特集　少年A『絶歌』をめぐって　　　　◆在庫あり

井垣康弘(A少年の裁判官)／木村隆夫(元保護観察官)／野口善國(元少年A弁護士)

連載2　思春期の発達課題と支援　田中康雄

論文:「親たちの会」の語りにおけるやり取り―笑いの持つ不思議な力　北村篤司

少年法　適用年齢の引き下げについて　八田次郎

第14号 14年12月刊行　特集①　もがく子どもたちと学校　　　　◆在庫あり

白鳥 勲(さいたま教育文化研究所)／那珂川鮎子(親)／澤田美樹(親)

特集②『何が非行に追い立て、何が立ち直る力となるか』をどう読んだか

木村隆夫／能登原裕子／原 和夫

新連載　思春期の発達課題と支援　田中康雄

第13号 13年7月刊行　特集　求められている「支援」とは　　　　◆在庫あり

立ち直り支援フォーラムから　林 和治／辻 裕子／橘 ジュン／才門辰史／春野すみれ

僕の出会い・気付き・夢　松尾昌人

自立とは―共に生き、共に育つ　多田 元

第12号　12年11月刊行　特集　少年事件と付添人　　　　　　　　◆在庫あり

　弁護士　橋詰 穣／元家裁調査官　正木信二郎／母親　R・K

　子どもたち・親たちの心の傷と向き合って　須藤三千雄

　愛情について　浅川道雄　　連載3　被害者・加害者の対話　山田由紀子

第11号　12年1月刊行　特集　少年院　　　　　　　　　　　　◆在庫あり

　元少年院長　中野レイ子／元矯正研修所長　林 和治／少年院体験者　才門辰史

　連載2　被害者・加害者の対話「対話が少年にもたらすもの」　山田由紀子

第10号　11年6月刊行　特集　家族の再生　　　　　　　　　　◆在庫あり

　父親　菊池明／当事者　みにい／母親たちによる座談会

　新連載　被害者・加害者の対話　山田由紀子（弁護士）

第9号　10年10月刊行　特集　子どもの貧困と非行　　　　　　◆在庫あり

　熊本少年友の会　萬羽祐子／当事者　小久保由美／元教師　青砥 恭

　「親たちの会」例会の持ち方と専門家の役割　浅川道雄

第8号　10年4月刊行　特集　思春期の子どもたち　　　　　　◆在庫あり

　シンポジウム「思春期の子どもと向き合う」

　「中学生日記」・田熊邦光／臨床心理士・植山起佐子／性教育・丸山慶喜／春野すみれ

第7号　09年11月刊行　特集　虐待と非行　　　　　　　　　　◆在庫あり

　児童自立支援施設　相澤 仁／当事者 S・M／発達と文化の会　上坪陽／児童相談所 外川達也

　少年非行から私たちが学んだこと　小笠原彩子／小澤直樹／三好洋子／能重真作

第6号　09年7月刊行　特集　自立とは何かを考える　　　　　◆在庫あり

　評論家　芹沢俊介／元保護観察官北澤信次／

　自立援助ホーム　大島祥市／日向ぼっこ　渡井さゆり

第5号　09年3月刊行　特集　薬物と青少年　　　　　　　　　◆在庫あり

　APARI　尾田真言／元北星余市高校教師　久保田直子／

　早稲田大学　藤野京子／当事者へのインタビュー

第4号　08年11月刊行　特集　ネット社会と子どもたち　　　　◆在庫あり

　筑波大　土井隆義／定時制高校教師　鈴木敏則／中学教師　大山 登／

　韓国のネット依存状況から　呉 鐘蓮

第3号　08年7月刊行　特集　今日の青少年と性　　　　　　　◆在庫あり

　大東教育研究所　丸山慶喜／日本福祉大　木全和己／養護教諭　小倉久美子

第2号　08年3月刊行　特集　子どもを受けとめるとは　　　　*在庫なし*

　自立援助ホーム　三好洋子／保護観察官　木村隆夫／元中学教師　中川晋輔

第1号　07年11月刊行　特集　「子どもの問題と家族」を考える　　*在庫なし*

　評論家　芹沢俊介／弁護士　一場より子／フリーライター　岡田真紀

編集後記

◇◆◇◆

★非行克服支援センターは 15 年間歩き続けてきました。改めていろいろなことがあったなあと感じています。15 周年記念の会には、パワーポイントでその歩みをご紹介しましたが、それをここに掲載できなかったのはちょっと残念。どこかでお伝えしたいと思います。本誌掲載のシンポジウムは大変内容が深いものでした。読んだ感想をお寄せください。▼2 月 19 日、松山市で日弁連主催の「付添人経験交流会」という大きな集会に、分科会パネラーとしてあめあがりの会の会員Ｍさんと一緒に参加してきました。分科会では親の願いや思いを話させていただきました。少年事件をやりたい、少年に関わりたいという若い弁護士さんが中心になって企画した分科会とのこと。子どもの人権を守ろうと懸命に頑張ってくださっている弁護士さんの思いに触れ、感動して帰ってきました。▼今、少年法の適用年齢が 20 歳から 18 歳に下げるかどうかという議論が進んでいます。この問題でも、弁護士さんが、子どもの立ち直りが保証されなくなる、と、反対の運動を起こしています。先日、さまざまな団体が集まってこの問題を協議する会議に参加しました。私たちは、ずっと、少年の問題を核に活動してきましたが、会議には「主婦連合会」や「地域婦人団体連絡協議会」などのほか、「日本児童精神医学会」など医療関係や、宗教関係など、少年非行には直接の関わりが薄いと思っていた団体の方々も参加し、主婦連合会は法務大臣への意見書提出も行っています。子どもたちに関わる人たちが、こうやって「こころ」をつなげて活動していることにも大変感動しています。少年法の適用年齢引き下げに良いことは何もありません。私たちもさらに取り組んでいきましょう。（すみれ）

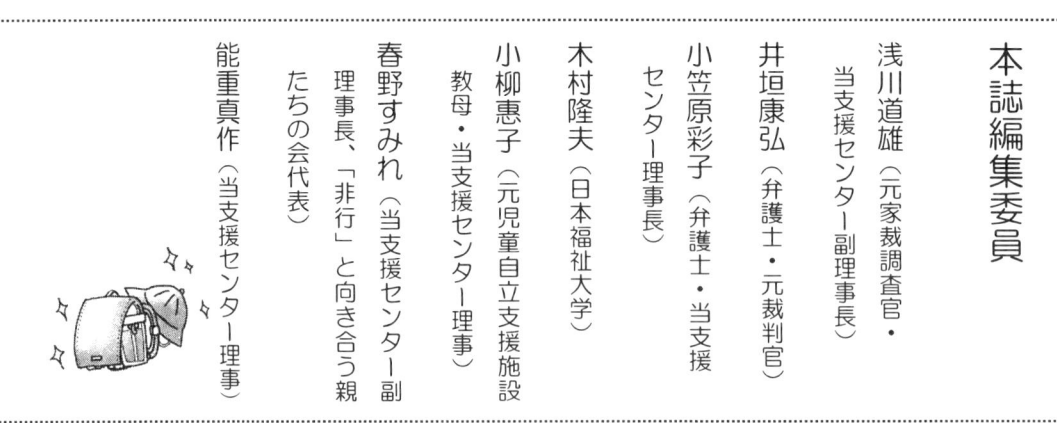

ざ ゆーす No. 19 ©

2019 年 3 月 25 日　本体 800 円　（税込　864 円）

編集　特定非営利活動法人　非行克服支援センター

〒169-0073　東京都新宿区百人町 1-17-14　コーポババ 21

電話　03-5348-6996　Ｅメール　npo-ojd@cocoa.ocn.ne.jp

http:// hikoukokuhuku.web.fc2.com/

発行　新科学出版社

電話　03-5337-7911　FAX　03-5337-7912

Ｅメール　sinkagaku@vega.ocn.ne.jp

https://shinkagaku.com/

◎本誌の定期購読のご案内

本誌は、年に 3 回の刊行予定。定期購読の申し込みを受け付けております。送料は、1 冊 140 円になります。ご連絡をお待ちしています。

◎宣伝用の見本誌を差し上げます。ご連絡を。

◎本紙読書会を開いたところがありましたら、ぜひ様子をお知らせください。